国能神东煤炭企业文化建设系列丛书

神东文韵

传统文化作品篇

践行

韩浩波 主编

電子工業出版社
Publishing House of Electronics Industry
北京 • BEIJING

图书在版编目（CIP）数据

践行者．神东文韵：传统文化作品篇 / 韩浩波主编．—北京：电子工业出版社，2023.7
（国能神东煤炭企业文化建设系列丛书）
ISBN 978-7-121-46965-7

Ⅰ．①践…　Ⅱ．①韩…　Ⅲ．①煤炭企业－企业集团－企业文化－研究－中国　Ⅳ．① F426.21

中国国家版本馆 CIP 数据核字（2024）第 001975 号

责任编辑：胡　南　李楚妍
印　　刷：中国电影出版社印刷厂
装　　订：中国电影出版社印刷厂
出版发行：电子工业出版社
　　　　　北京市海淀区万寿路 173 信箱　邮编：100036
开　　本：720×1000　1/16　印张：79　字数：1200 千字　彩插：1
版　　次：2023 年 7 月第 1 版
印　　次：2023 年 7 月第 1 次印刷
定　　价：500.00 元（全 5 册）

凡所购买电子工业出版社图书有缺损问题，请向购买书店调换。若书店售缺，请与本社发行部联系，联系及邮购电话：（010）88254888，88258888。

质量投诉请发邮件至 zlts@phei.com.cn，盗版侵权举报请发邮件至 dbqq@phei.com.cn。

本书咨询联系方式：010-88254210，influence@phei.com.cn，微信号：yingxianglibook。

国能神东煤炭企业文化建设系列丛书

编辑委员会

前言

立时代潮头，承历史古韵，发时代先声。中华民族历史悠久，中华文明博大精深，传统文化底蕴深厚，是当代中国最深厚的文化软实力。剪纸传情，寄情书画，寓志光影。神东广大职工、家属，用辛勤的汗水浇灌出一幅幅美丽的画卷，用勤劳的双手勾勒出一片片幸福的轮廓，用无悔的青春书写出一篇篇飘香的翰墨。通过剪纸、书画、摄影作品，用中华最具代表性的文化元素表达对伟大祖国的热爱之情，彰显一代又一代神东人艰苦奋斗、开拓务实、争创一流的企业精神。

云喷笔花腾虎豹，雨翻墨浪走蛟龙。"国能神东煤炭企业文化建设系列丛书"之《神东文韵——传统文化作品篇》分剪纸传情、翰墨飘香、诗情画意、精彩瞬间4个部分，共收录150幅作品。透过这些作品，可以感受神东人的才华横溢与意趣风致，表达了神东人对矿区发展、矿区人民、矿区生活的热爱，以及对高质量发展、高价值创造、高品质生活的价值追求，向世人诠释着"文化神东""多彩神东"的良好形象。希望更多的神东人在传统书画、剪纸等艺术的熏陶与滋养下，继续描绘出中国煤炭行业更加辉煌的华美乐章，使中华优秀传统文化薪火相传、源远流长。

编者

2023年7月

目录

01 剪纸传情

02 翰墨飘香

3 诗情画意

04 精彩瞬间

01

剪纸传情

剪纸是中华优秀传统文化的瑰宝。中国民间剪纸包含着丰富的中国历史文化、民间民俗文化和地域文化，客观地反映了中国文化的多彩多姿，体现了剪纸创作者对美的艺术想象和创造精神。“剪纸传情”篇章共收录31幅作品，主要由陕西省工艺美术大师、榆林市剪纸传承人、企业文化中心员工李淑琴和部分矿区剪纸爱好者精心创作，用传统剪纸语言和艺术手法，传承优秀传统文化，托物寄语，筑梦神东。

李淑琴

国能神东煤炭企业文化中心员工，中国民间文艺家协会会员、高级工艺美术师，陕西省工艺美术大师、榆林市非物质文化遗产剪纸项目代表性传承人。被授予“民间工艺百杰”“陕西省妇女手工艺能手”等称号。首创“榆林彩色套剪”新风格剪纸。2016年曾在文化部和山东省人民政府共同主办的“第四届中国非物质文化遗产博览会·中国传统工艺（剪纸）大赛”中荣获“金剪子”奖。作品参加国家级、省级等剪纸比赛获得金、银、铜等奖项百余次。

《神东记忆》：李淑琴

作品简介

《神东记忆》剪纸作品将陕北传统剪纸艺术与神东矿区煤炭元素巧妙融合，不仅拥有传统剪纸的魅力和神韵，又富有现代艺术气息。作品通过创意剪纸手法、灵动的剪纸语言、丰富细腻的情怀，将神东矿区30多年来生产、生活的发展变化生动呈现，展现了神东人苦干实干的良好形象，表达了神东人爱企如家的浓厚情怀，营造了载歌载舞、喜庆祥和的良好氛围。

《神奇煤炭》：李淑琴

作品简介

《神奇煤炭》系列作品以传统彩色套剪的形式，呈现了从远古时期煤的形成到神东矿区煤田勘察、开采、智能化建设的生动场景，用剪纸语言和艺术手法讲述煤炭的历史，普及煤炭知识，展现了神东从创业初期到建成现代化煤都的不易与艰辛。作品彰显了一代代神东人传承“艰苦奋斗、开拓务实、争创一流”的神东精神，谱写了一曲神东“创新驱动绿色发展、领跑煤炭行业发展”的赞歌，增强了员工群众“作为煤炭人”的认同感和“作为神东人”的归属感。

《神奇煤炭》之一

《神奇煤炭》之二

《神奇煤炭》之三

《神奇煤炭》之四

《神奇煤炭》之五

《神奇煤炭》之六

《神奇煤炭》之七

《神奇煤炭》之八

《神奇煤炭》之九

《神奇煤炭》之十

《神奇煤炭》之十一

《神奇煤炭》之十二

《托物寄语 筑梦神东》：李淑琴

作品简介

作品用国家能源集团主体色国旗红、党徽金、典雅黑三种色调，将写实与意象完美结合，用传统剪纸语言和艺术手法，生动诠释神东企业文化“责任、安全、效能、执行、成本、纪律”六条员工行为守则的内涵，描绘出全体神东人携手聚力新征程、同心共筑神东梦的美好画卷。

《立足岗位 践行传承》

《爱我神东 尽责担当》

《珍爱生命 杜绝三违》

《感恩矿工 务求效能》

《恪守诚信 说到做到》

《崇尚节约 浪费可耻》

《坚守底线 依规做事》

《践行守则 筑梦神东》

#《迎春佳节》：刘霞

《迎春佳节》

刘霞

国能神东煤炭矿区剪纸爱好者

《一防三保》：刘利强

《一防三保》

刘利强　国能神东煤炭矿区剪纸爱好者

《守护平安》：白　洁

《守护平安》

白　洁　国能神东煤炭矿区剪纸爱好者

《春耕》：唐爱慧

《春耕》

唐爱慧　国能神东煤炭矿区剪纸爱好者

《花开富贵》：石丽娜

《花开富贵》

石丽娜 国能神东煤炭矿区剪纸爱好者

02

翰墨飘香

中国书法源远流长，博大精深。书法艺术是中华传统文化的基础符号，是时代脚步的生动音符，是社会发展成果的艺术标识。“翰墨飘香”篇章共收录62幅作品，主要由中国书法家协会特邀嘉宾及神东矿区书法爱好者精心创作，用各具特色的书法作品展现传统文化的无限魅力。

《喜迎党的二十大　强国复兴有我》：张胜伟

张胜伟　中国书法家协会副主席，西安美术学院书法系主任

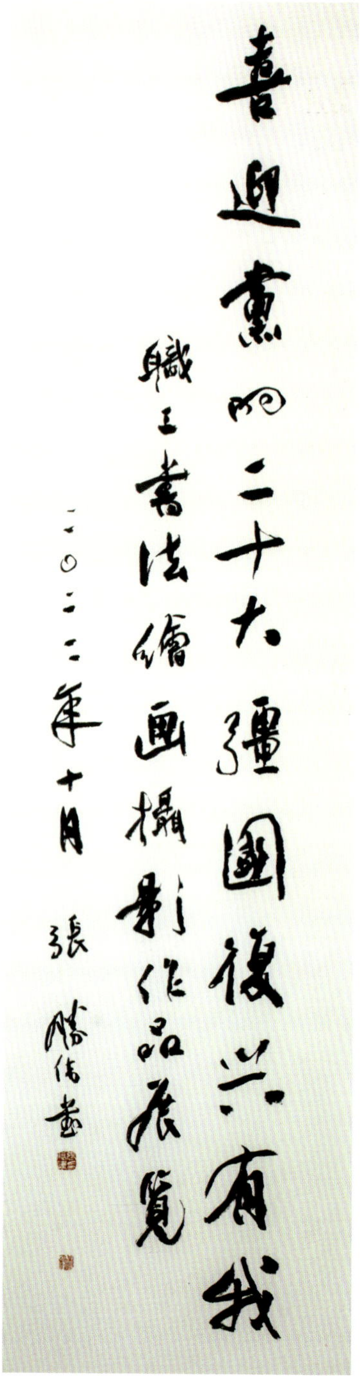

行书条幅《喜迎党的二十大　强国复兴有我》（作品为公司2022年喜迎党的二十大职工书法、绘画、摄影作品展中题字）

《喜迎党的二十大》：匡青海

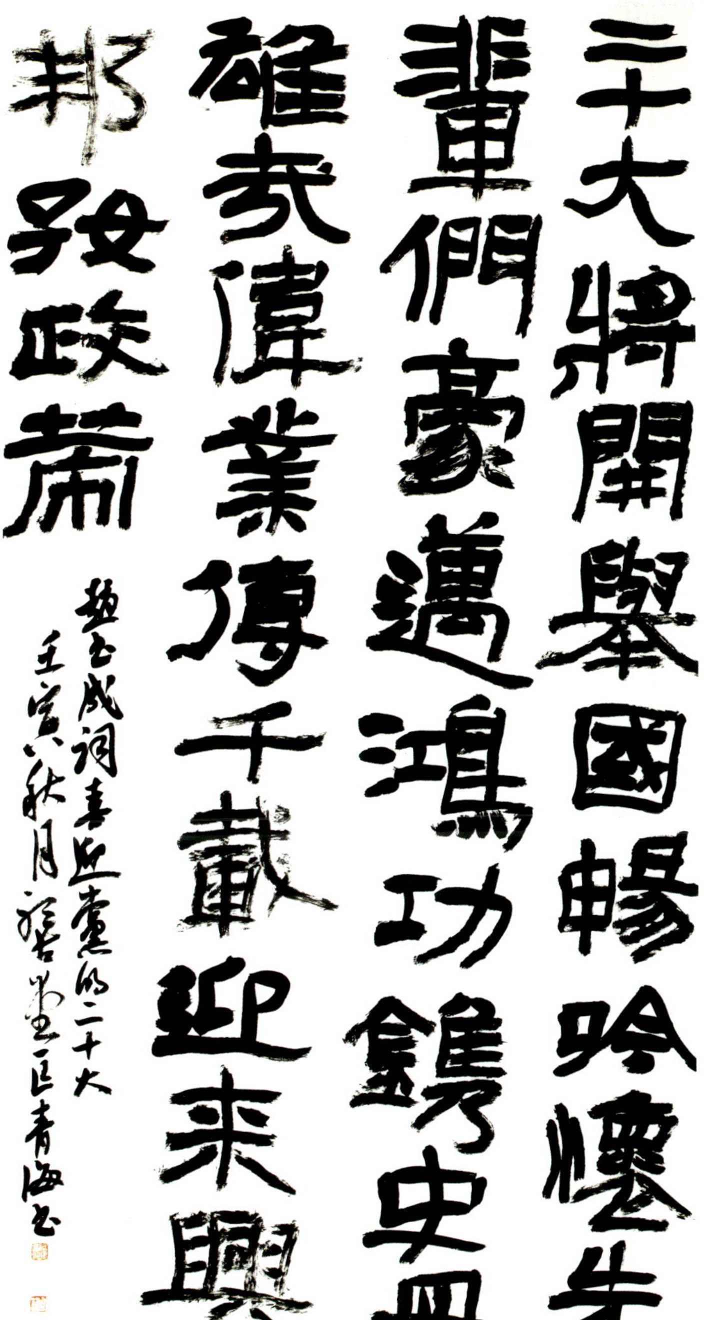

隶书中堂《喜迎党的二十大》

匡青海

中国书法家协会会员，湖南省青书协副主席

《笔走诗存联》：王绍祖

对联《笔走诗存联》

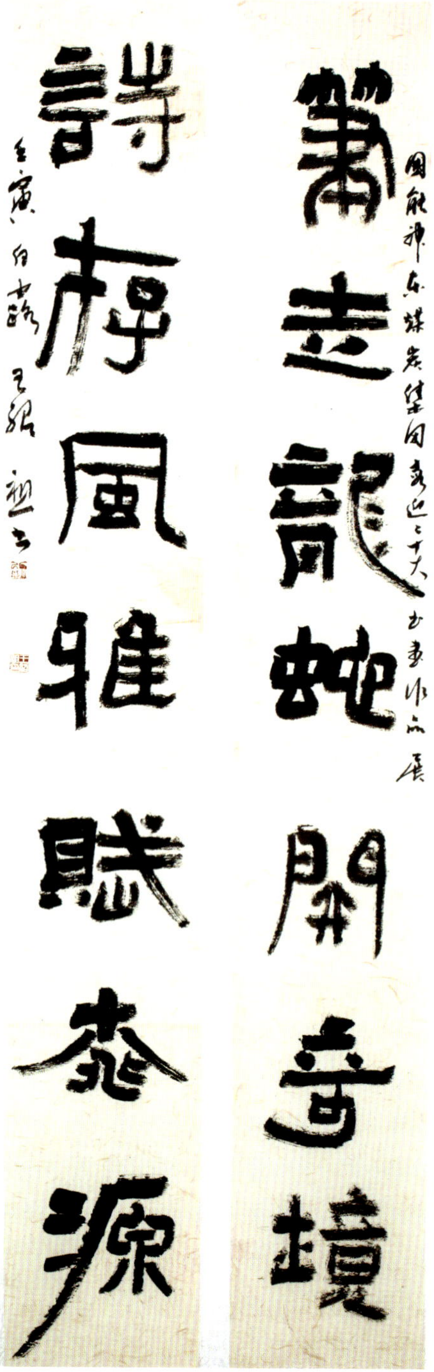

王绍祖

中国书法家协会会员，榆林市书协副主席

《黄宾虹诗一首》：余继忠

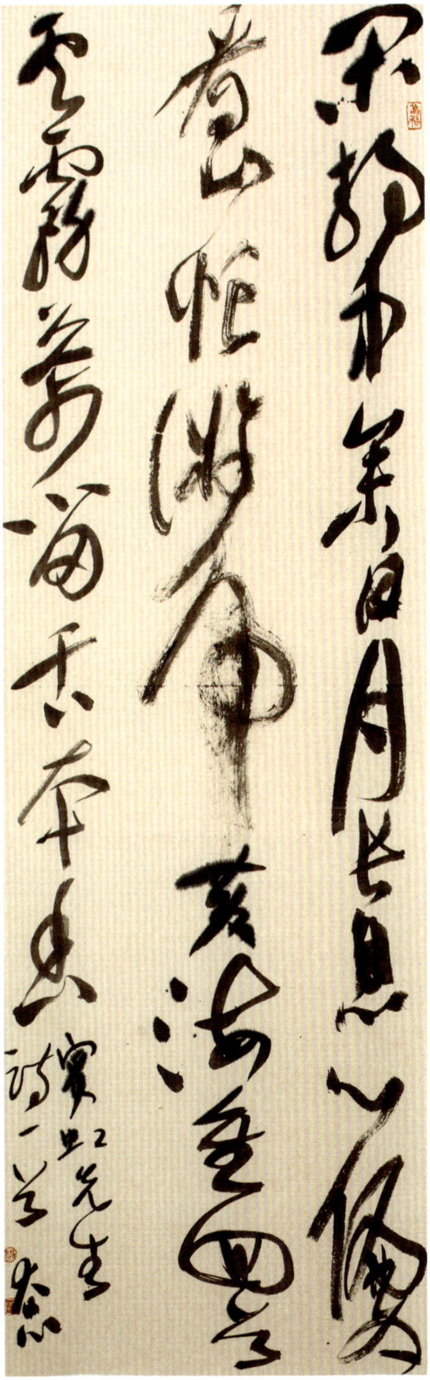

草书条幅《黄宾虹诗一首》

余继忠

中国书法家协会会员、中国书法家协会草书委员会委员，榆林市书协副主席

《远想高步联》：周建旭

对联《远想高步联》

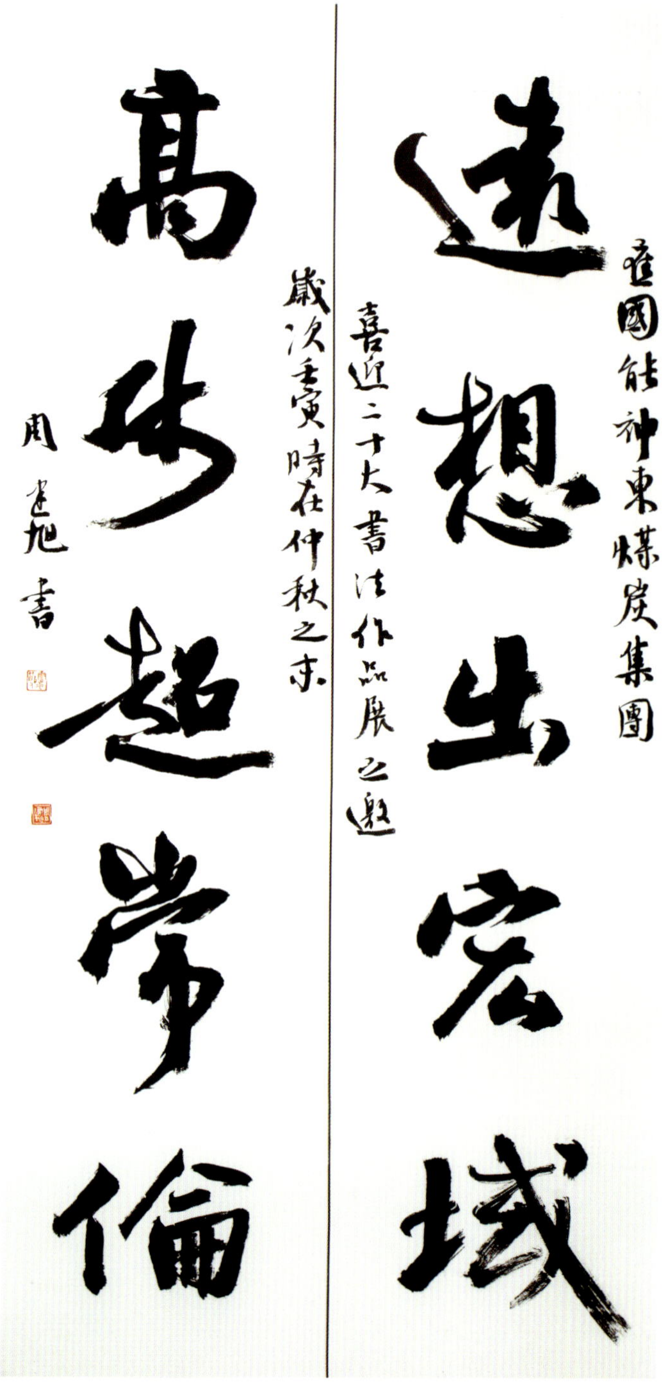
遠想出宏域
應國能神東煤炭集團
喜迎二十大書法作品展之邀
歲次壬寅時在仲秋之末
高步超常倫
周建旭書

周建旭

中国书法家协会会员、中国书法家协会楷书委员会委员，榆林市书协副主席

《观书有感》：王　卓

草书中堂《观书有感》

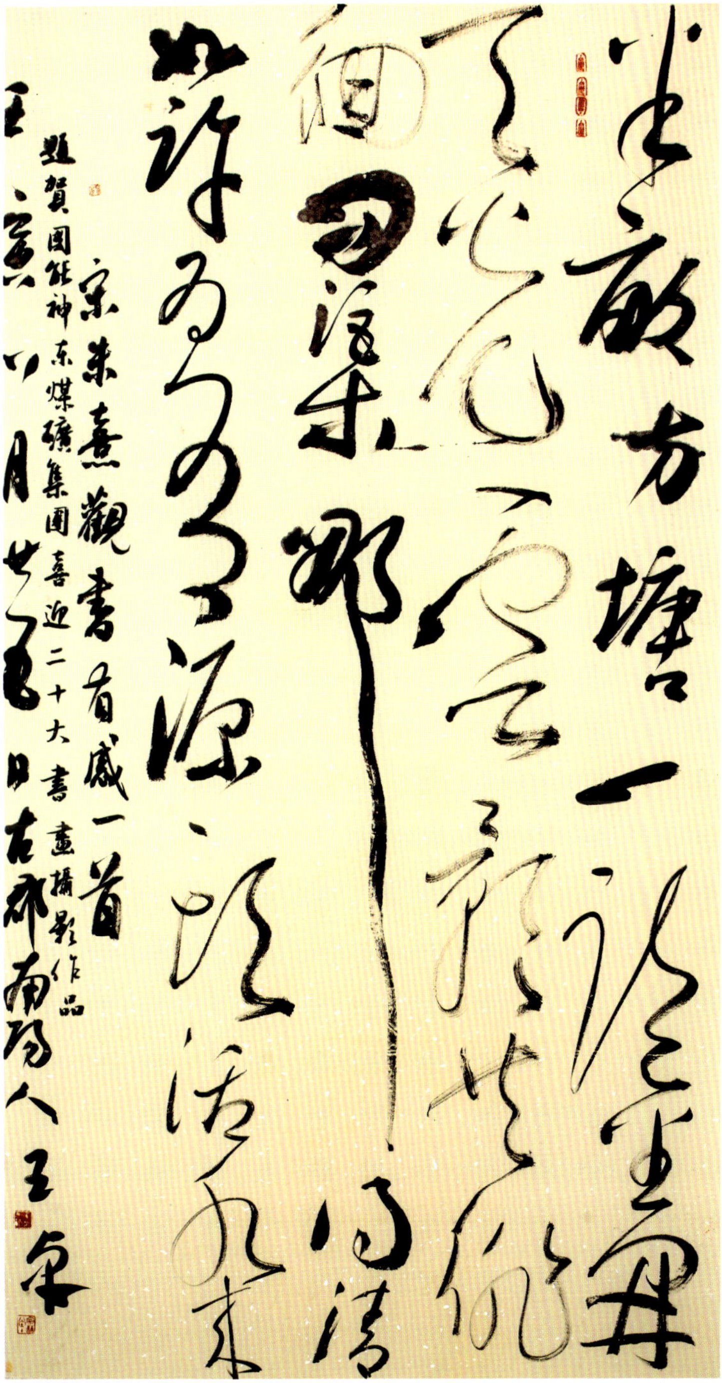
宋朱熹觀書有感一首
題賀國能神東煤礦集團喜迎二十大書畫攝影作品

王　卓　中国书法家协会会员

《有关无益联》：罗小平

隶书对联《有关无益联》

罗小平

中国书法家协会会员，陕西省书协草书委员会主任

《百年一卷联》：席念平

行书对联《百年一卷联》

席念平

中国书法家协会会员，中国职工书协副主席

《青柯坪》：苗席俊

楷书中堂《青柯坪》

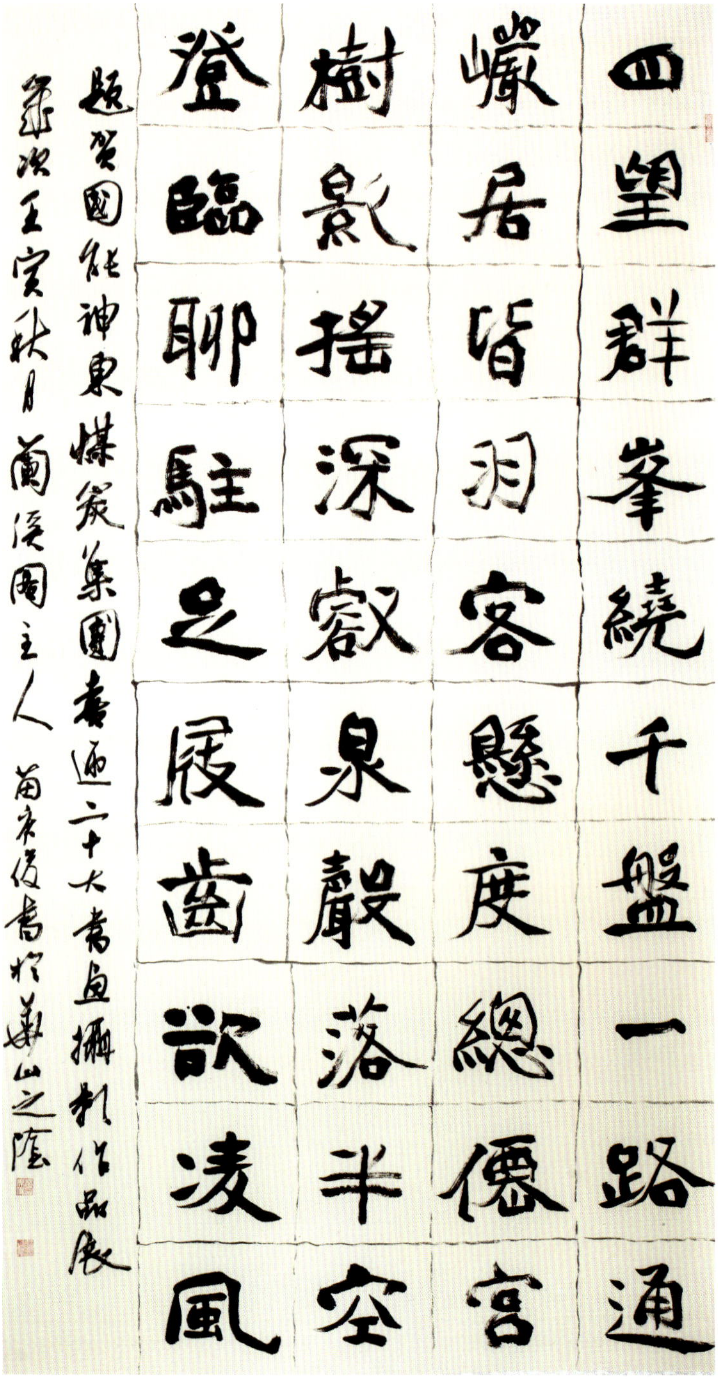

苗席俊

中国书法家协会会员，渭南市书协副主席

《九日登玉山》：王春之

草书条幅《九日登玉山》

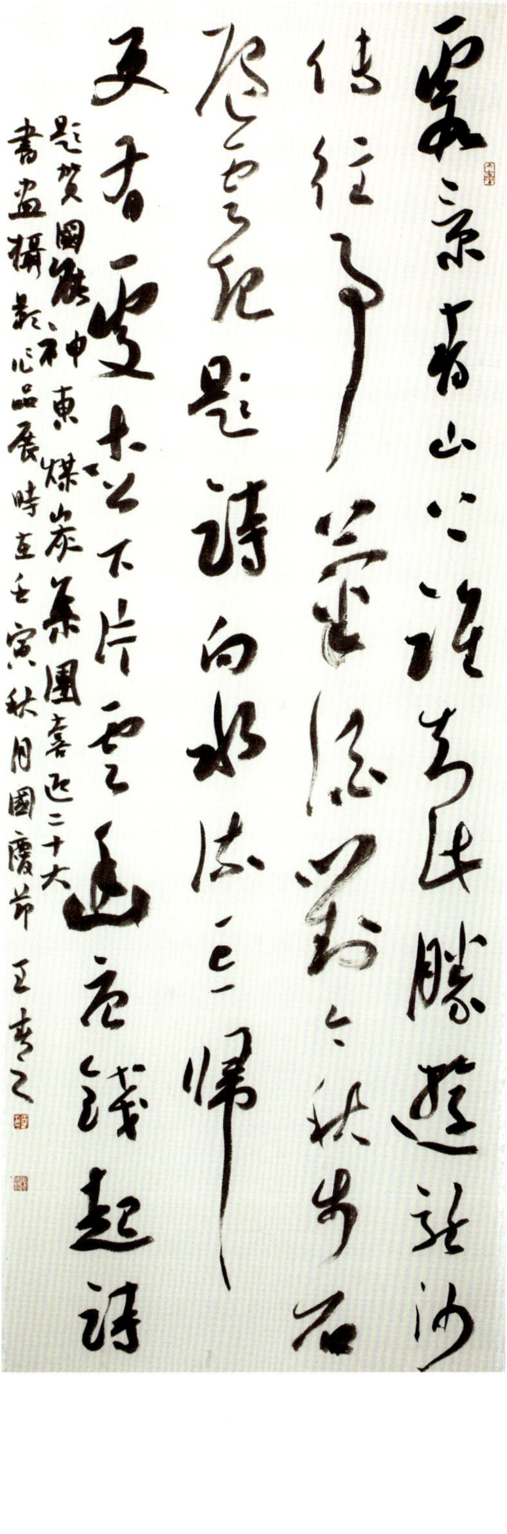

王春之

中国书法家协会会员，九三学社社员

《芳华》：张庆元

中堂《芳华》

张庆元

中国书法家协会会员，成都文凤堂书画院院长

《耕云种月》：王志刚

横幅《耕云种月》

王志刚 国能神东煤炭公司工会

《莫道醇到联》：王志刚

对联《莫道醇到联》

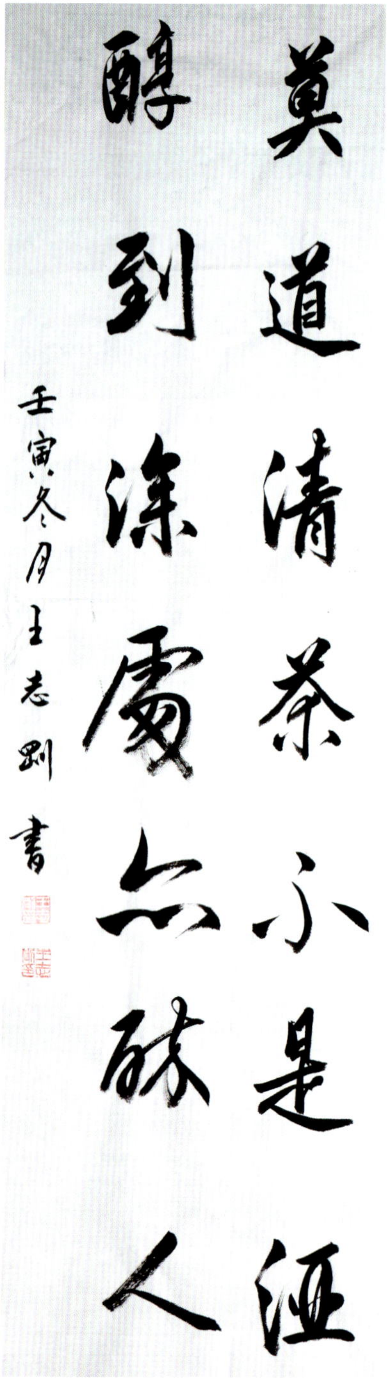

王志刚
国能神东煤炭公司工会

《于无及得联》：辛同军

对联《于无及得联》

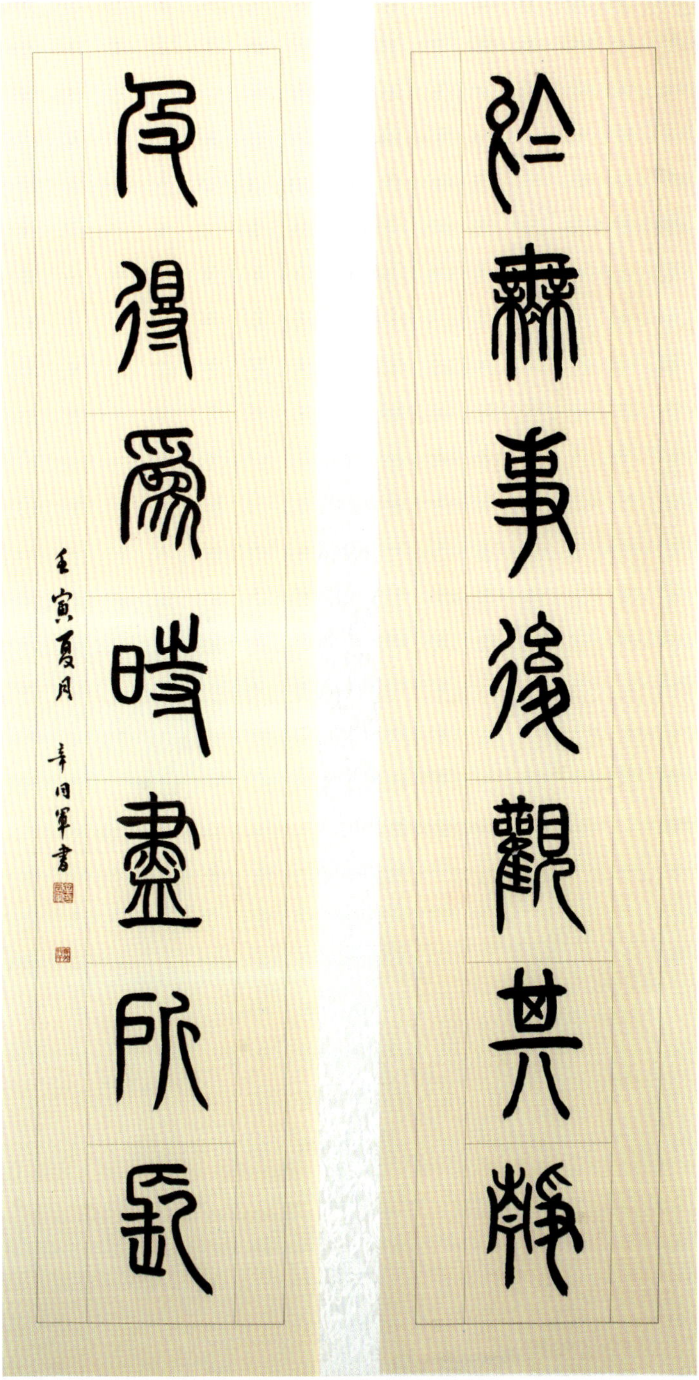

辛同军　国能神东煤炭内控审计部

《莫放最难联》：辛同军

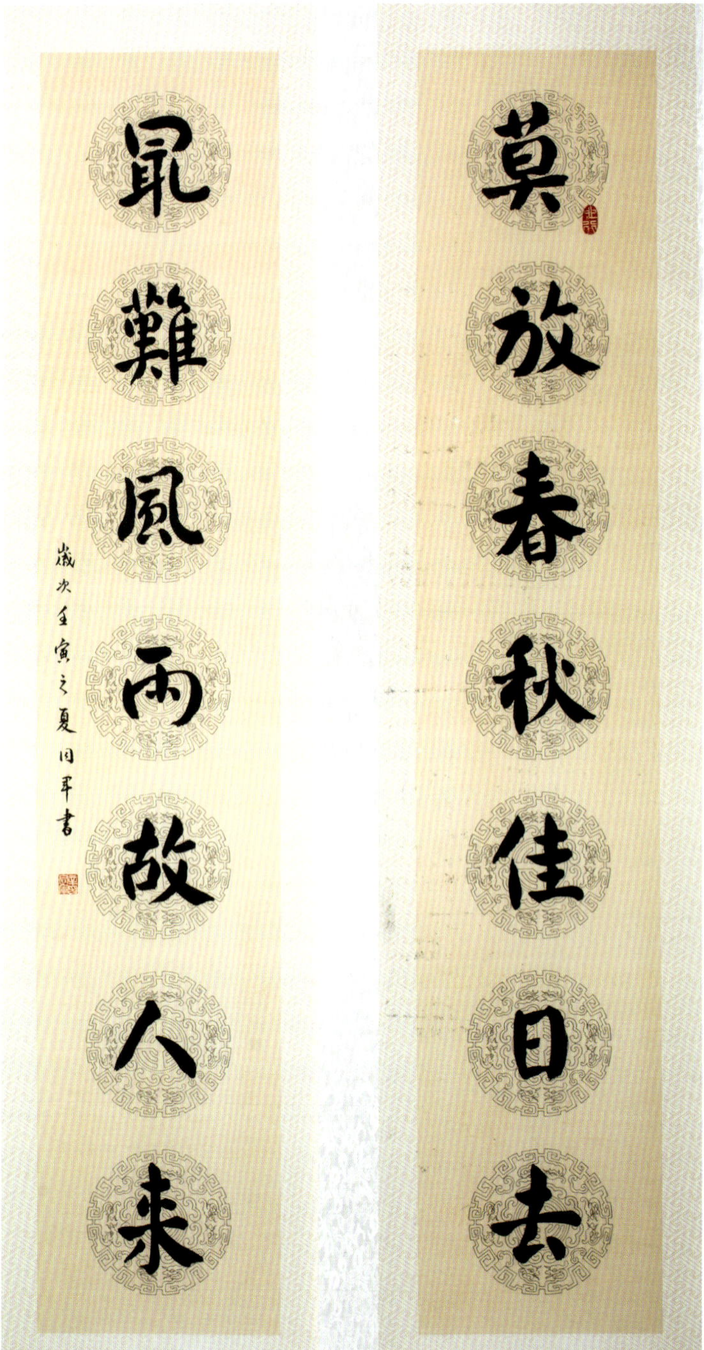

对联《莫放最难联》

辛同军

国能神东煤炭内控审计部

《喜迎砥砺联》：蔚高升

对联《喜迎砥砺联》

喜迎党的二十大
砥砺奋进新征程
壬寅年中秋於塞北高原神东矿区
蔚高升书

蔚高升

国能神东煤炭哈拉沟煤矿

《朱熹诗八首》：蔚高升

扇面《朱熹诗八首》

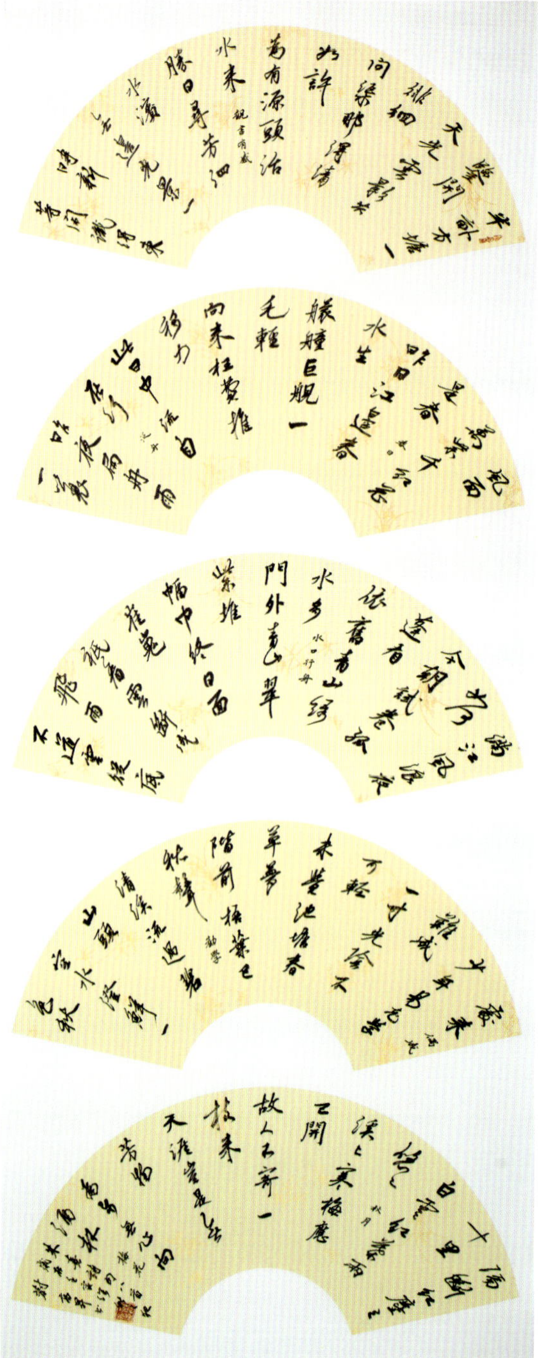

蔚高升
国能神东煤炭哈拉沟煤矿

《水》：温庆东

《水》

温庆东

国能神东煤炭车辆管理中心

《长风直挂联》：温庆东

对联《长风直挂联》

温庆东

国能神东煤炭车辆管理中心

《雄关而今联》：赵列墨

对联《雄关而今联》

赵列墨

国能神东煤炭退休职工

《文心雕龙》：赵列墨

隶书《文心雕龙》

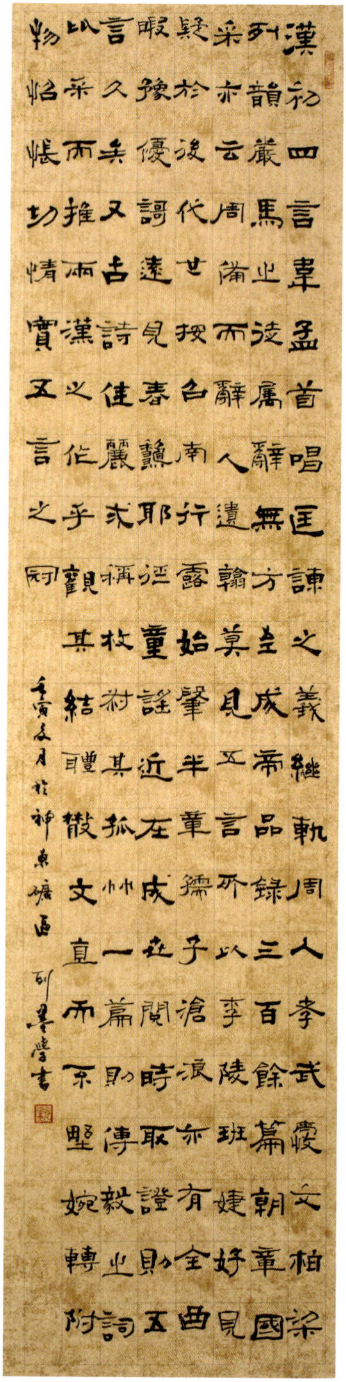

赵列墨

国能神东煤炭退休职工

《百年千秋联》：惠增强

对联《百年千秋联》

惠增强

国能神东煤炭榆家梁煤矿

《惠增强印痕》：惠增强

《惠增强印痕》

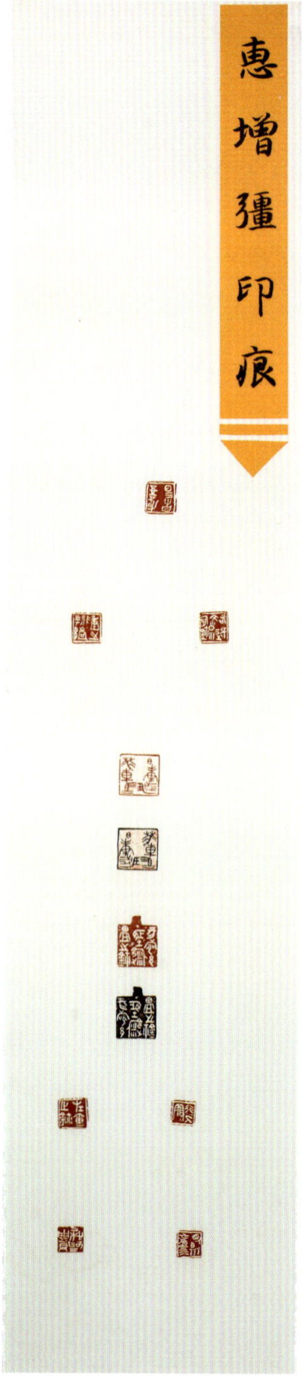

惠增强
国能神东煤炭榆家梁煤矿

《定风波》：惠增强

苏轼《定风波》

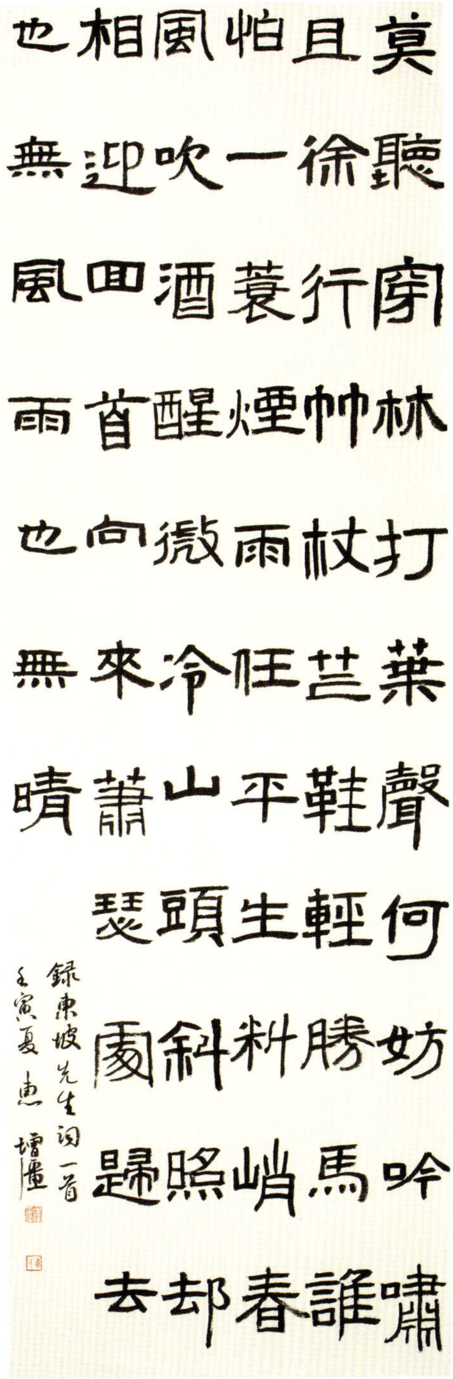
莫聽穿林打葉聲何妨吟嘯
且徐行竹杖芒鞋輕勝馬誰
怕一蓑煙雨任平生料峭春
風吹酒醒微冷山頭斜照却
相迎回首向來蕭瑟處歸去
也無風雨也無晴
録東坡先生詞一首
壬寅夏惠增書

惠增强

国能神东煤炭榆家梁煤矿

《凌虚台记》：惠增强

苏轼《凌虚台记》

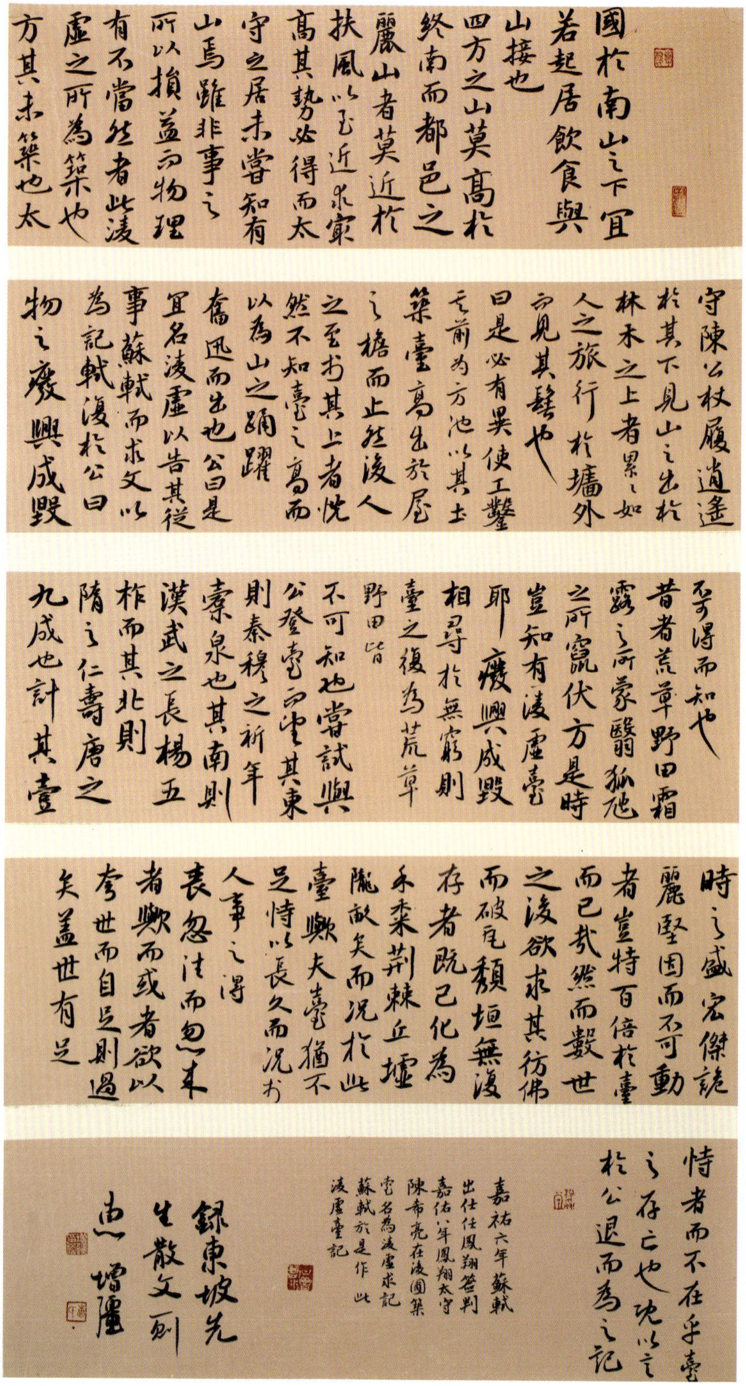

惠增强 国能神东煤炭榆家梁煤矿

《永远跟党走》：刘二宽

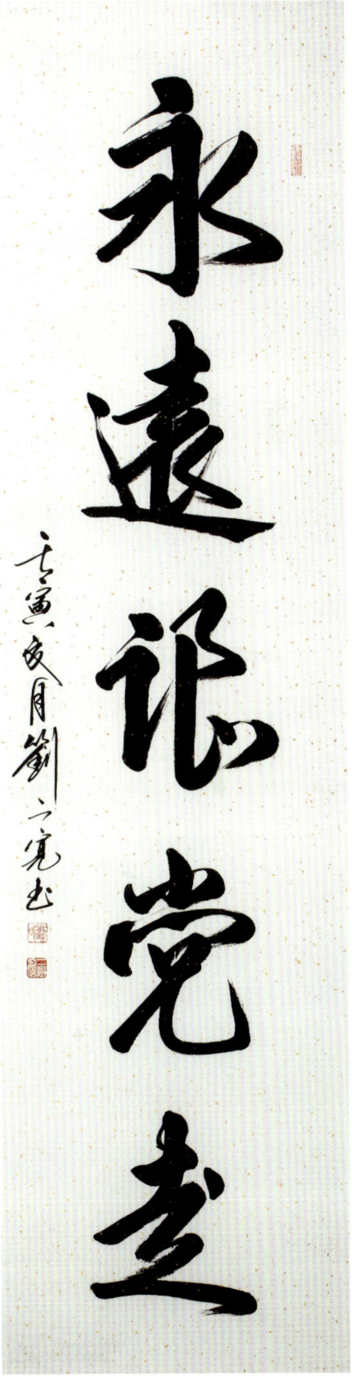

《永远跟党走》

刘二宽

国能神东煤炭保德煤矿

《社会主义是干出来的》：白忠强

《社会主义是干出来的》

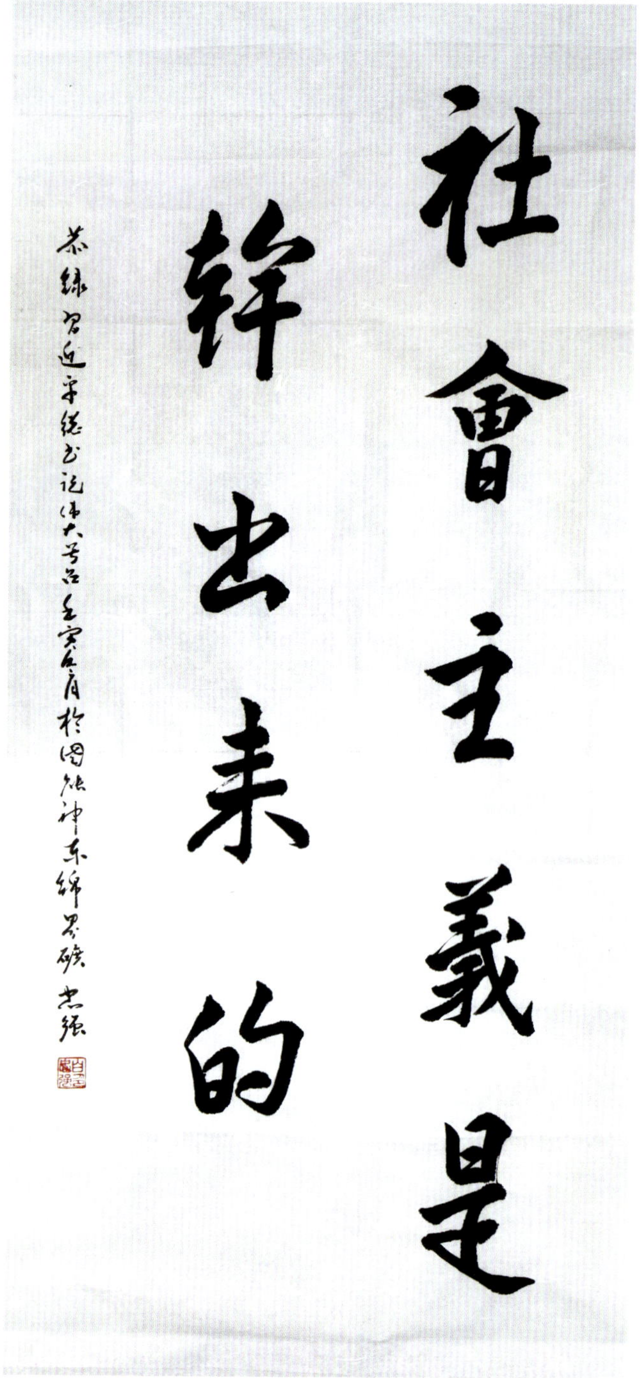

白忠强
国能神东煤炭锦界煤矿

《实干奉献》：白忠强

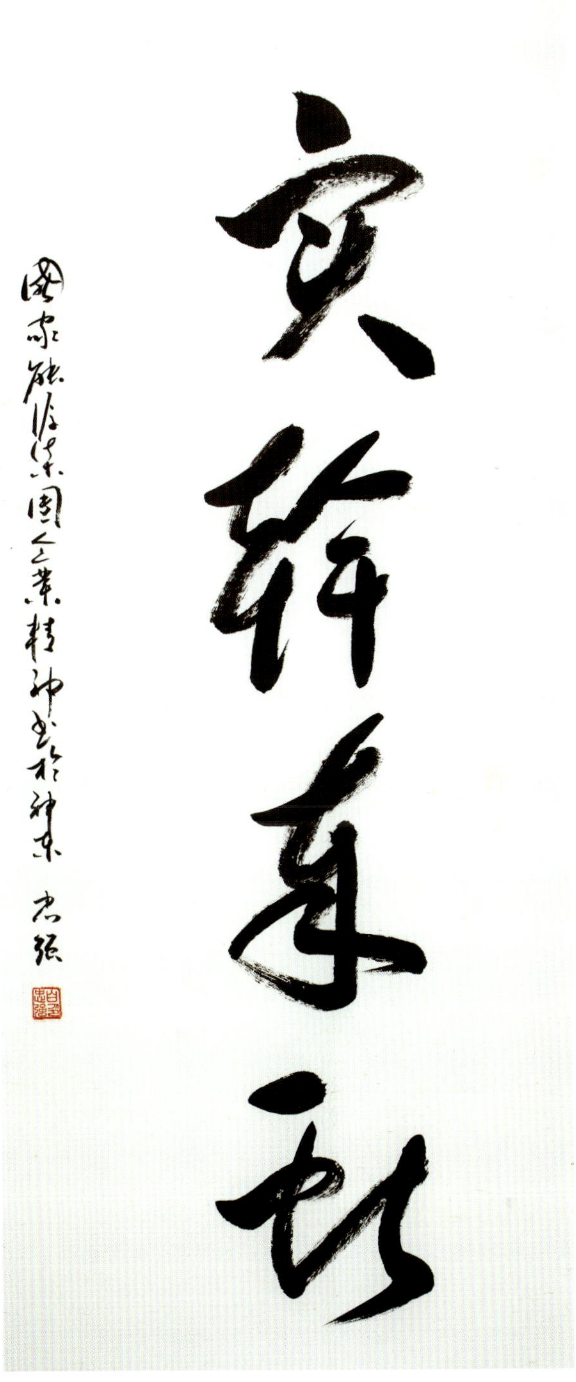

《实干奉献》

白忠强
国能神东煤炭锦界煤矿

《只争不负联》：陆峻岭

对联《只争不负联》

陆峻岭
国能神东煤炭供电中心

《梅》：常胜

《梅》

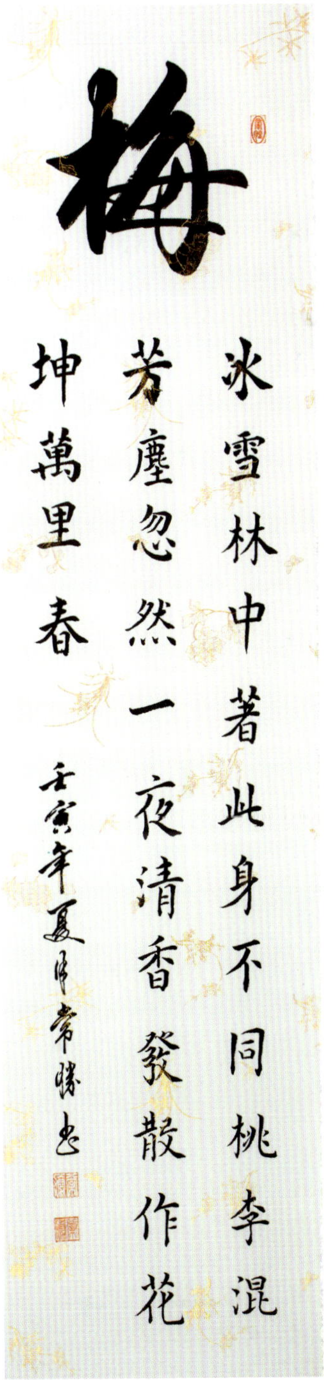
梅
冰雪林中著此身不同桃李混
芳塵忽然一夜清香發散作乾
坤萬里春

常胜
国能神东煤炭车辆管理中心

《兰》：常胜

《兰》

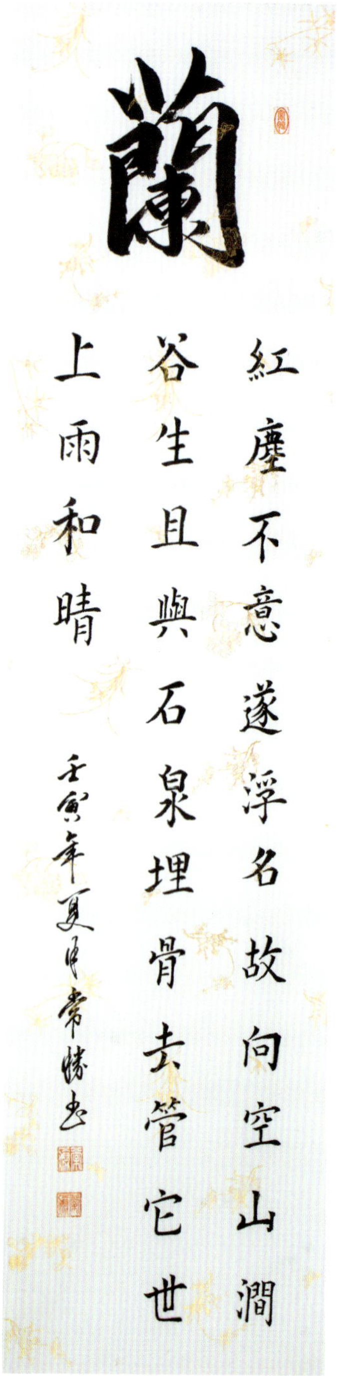
蘭
紅塵不意遂浮名故向空山澗
谷生且與石泉埋骨去管它世
上雨和晴
壬寅年夏月常勝書

常胜
国能神东煤炭车辆管理中心

《竹》：常胜

《竹》

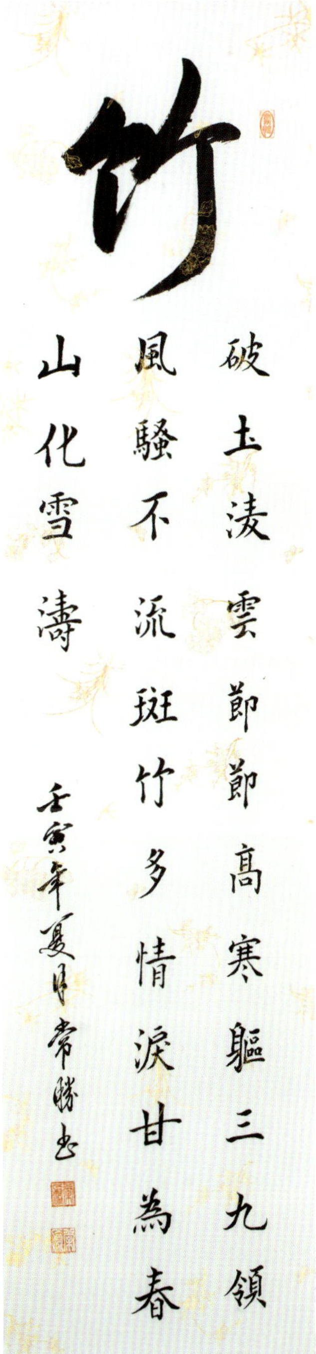
竹
破土淩雲節節高寒軀三九領
風騷不流斑竹多情淚甘為春
山化雪濤
壬寅年夏月常勝書

常胜
国能神东煤炭车辆管理中心

《菊》：常胜

《菊》

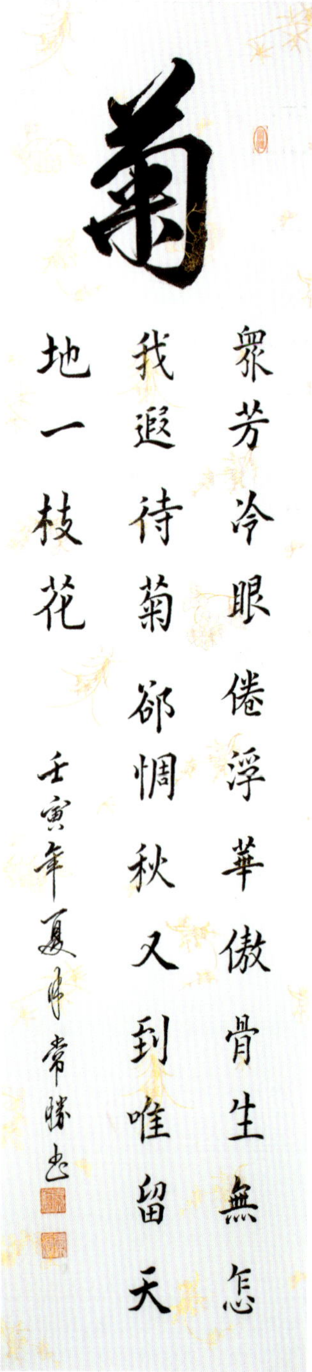
菊
衆芳冷眼倦浮華傲骨生無怎
我遐待菊卻惆秋又到唯留天
地一枝花
壬寅年夏月常勝書

常　胜

国能神东煤炭车辆管理中心

《唐诗四首》：冯光军

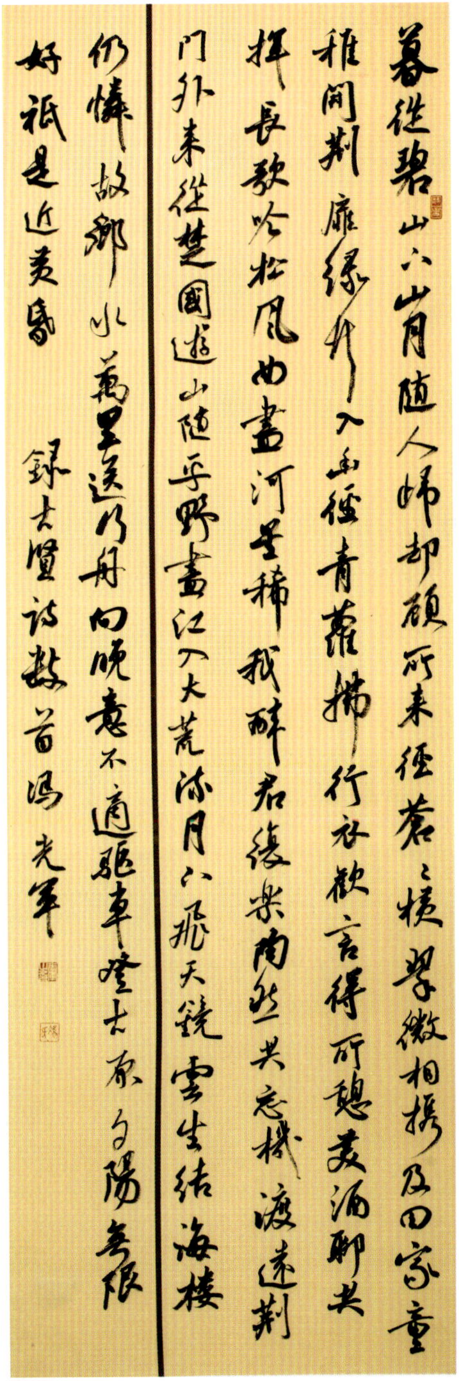
暮從碧山下山月隨人歸卻顧所來徑蒼蒼橫翠微相攜及田家童
稚開荊扉綠竹入幽徑青蘿拂行衣歡言得所憩美酒聊共
揮長歌吟松風曲盡河星稀我醉君復樂陶然共忘機渡遠荊
門外來從楚國遊山隨平野盡江入大荒流月下飛天鏡雲生結海樓
仍憐故鄉水萬里送行舟向晚意不適驅車登古原夕陽無限
好祗是近黃昏
錄古賢詩數首 馮光軍

《唐诗四首》

冯光军

国能神东煤炭榆家梁煤矿

《伟大建党精神》：毕启波

《伟大建党精神》

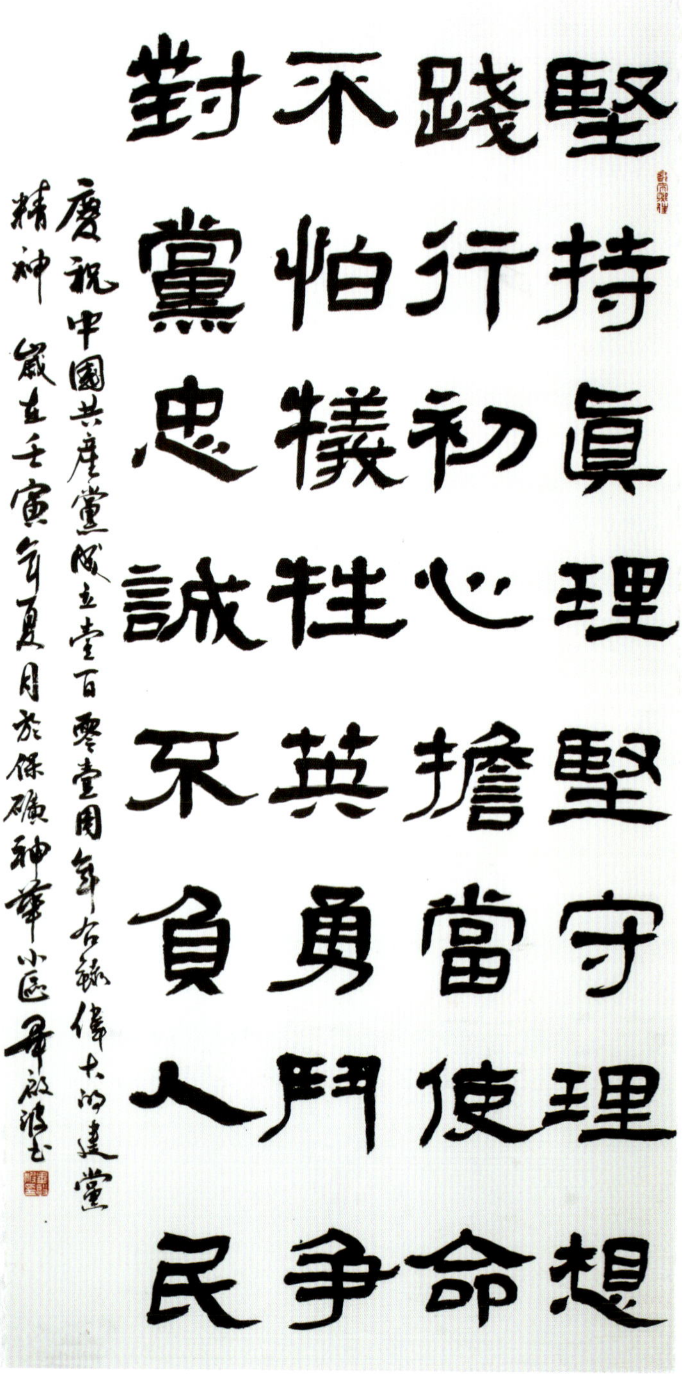
堅持眞理堅守理想
踐行初心擔當使命
不怕犧牲英勇鬥爭
對黨忠誠不負人民
慶祝中國共產黨成立壹百零壹周年書錄偉大的建黨精神
歲在壬寅年夏月於保礦神華小區畢啟波書

毕启波

国能神东煤炭保德煤矿

《学习金句》：毕启波

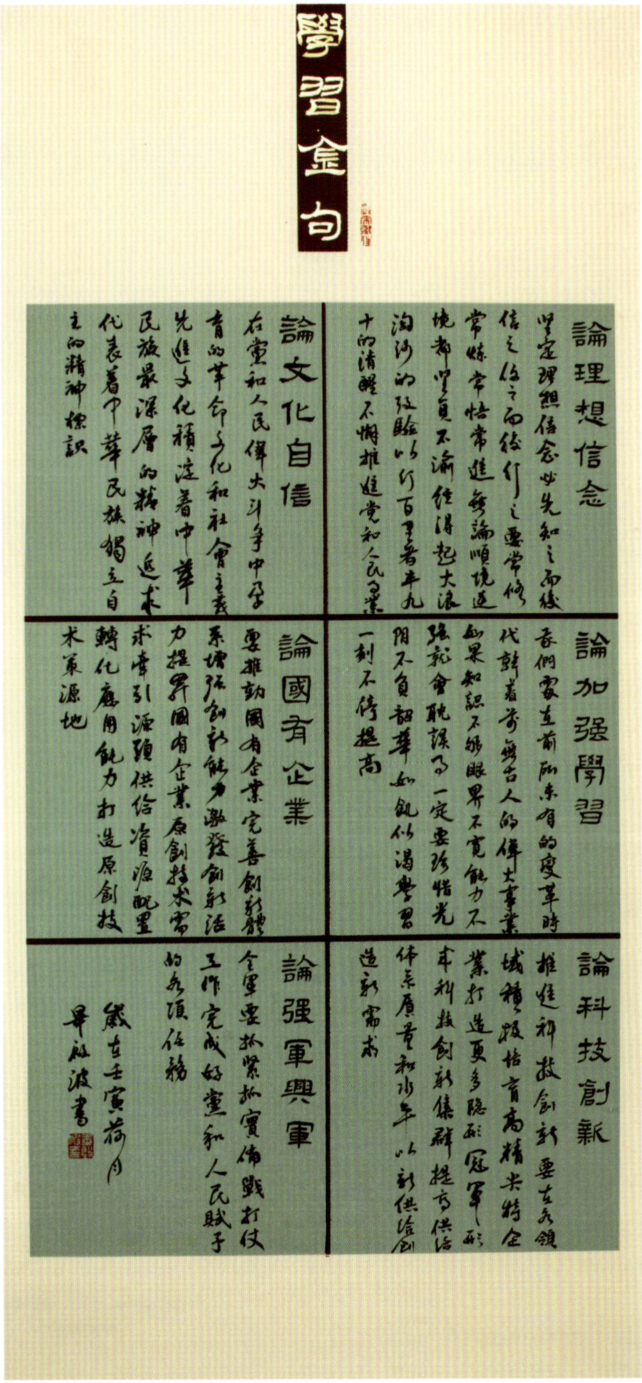
學習金句
論理想信念
論加強學習
論科技創新
論文化自信
論國有企業
論強軍興軍

《学习金句》

毕启波

国能神东煤炭保德煤矿

《小石城山记》：窦凤金

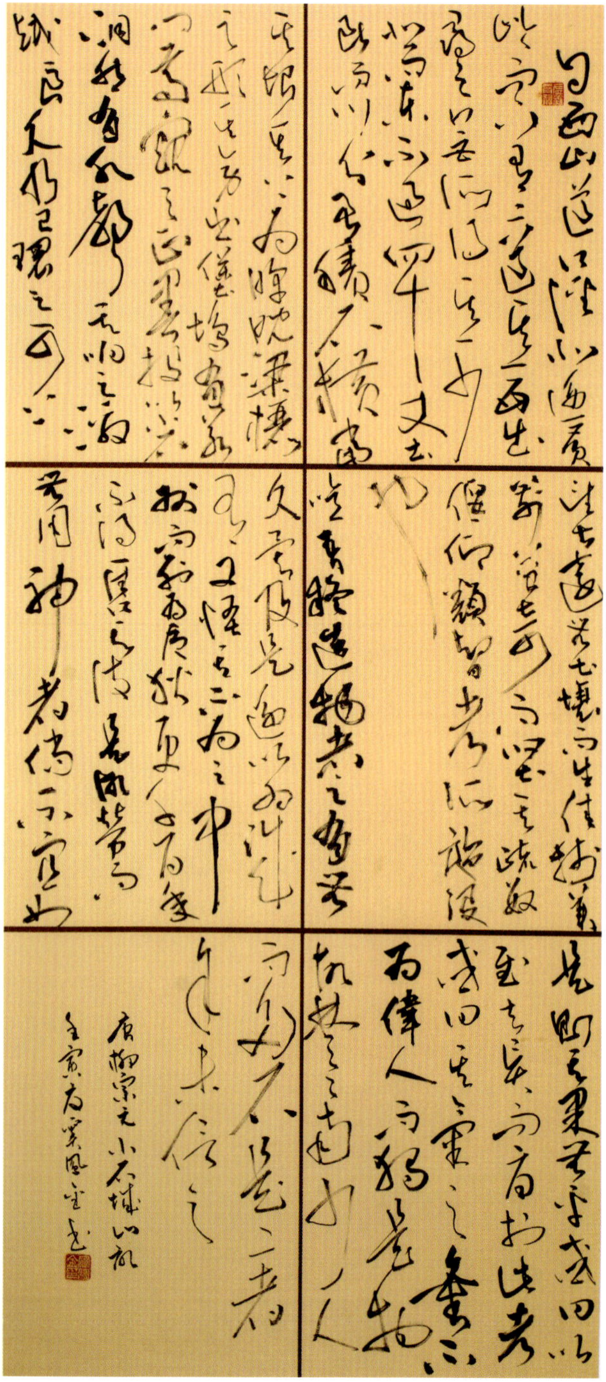

《小石城山记》

窦凤金
国能神东煤炭锦界煤矿

《神东企业文化选录》：冯家驹

《神东企业文化选录》

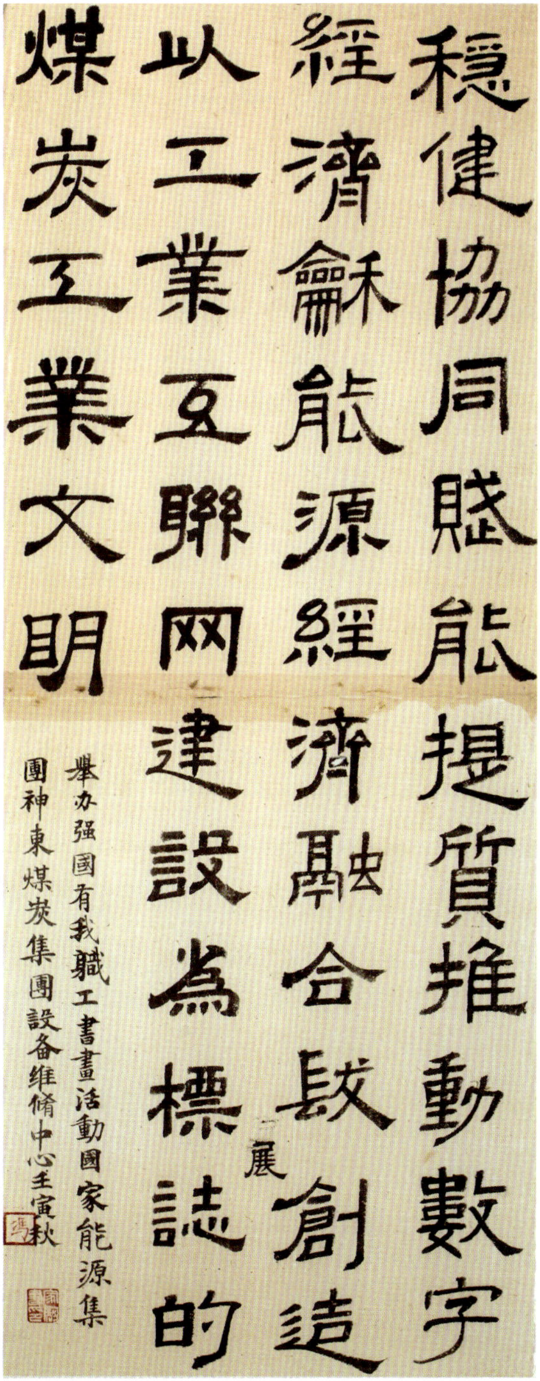
穩健協同賦能提質推動數字
經濟龢能源經濟融合鼓創造
以工業互聯網建設為標誌的展
煤炭工業文明
舉办强國有我職工書畫活動國家能源集
團神東煤炭集團設备维脩中心壬寅秋

冯家驹
国能神东煤炭设备维修中心

《沁园春·雪》：冯小艳

《沁园春·雪》

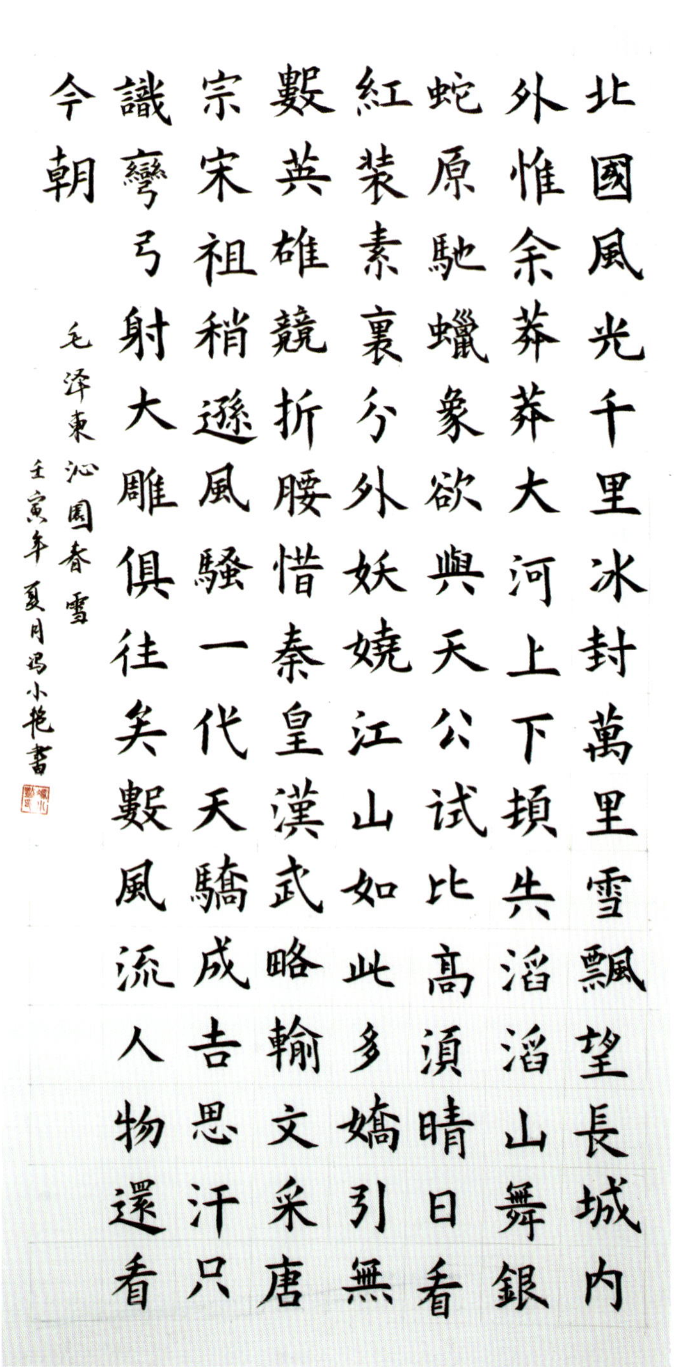
北國風光千里冰封萬里雪飄望長城内
外惟余莽莽大河上下頓失滔滔山舞銀
蛇原馳蠟象欲與天公试比高須晴日看
紅装素裹分外妖娆江山如此多嬌引無
數英雄競折腰惜秦皇漢武略輸文采唐
宗宋祖稍遜風騷一代天驕成吉思汗只
識彎弓射大雕俱往矣數風流人物還看
今朝
毛澤東沁園春雪
壬寅年夏月冯小艳書

冯小艳
国能神东煤炭矿区书画协会

《沁园春·国庆》：韩利霞

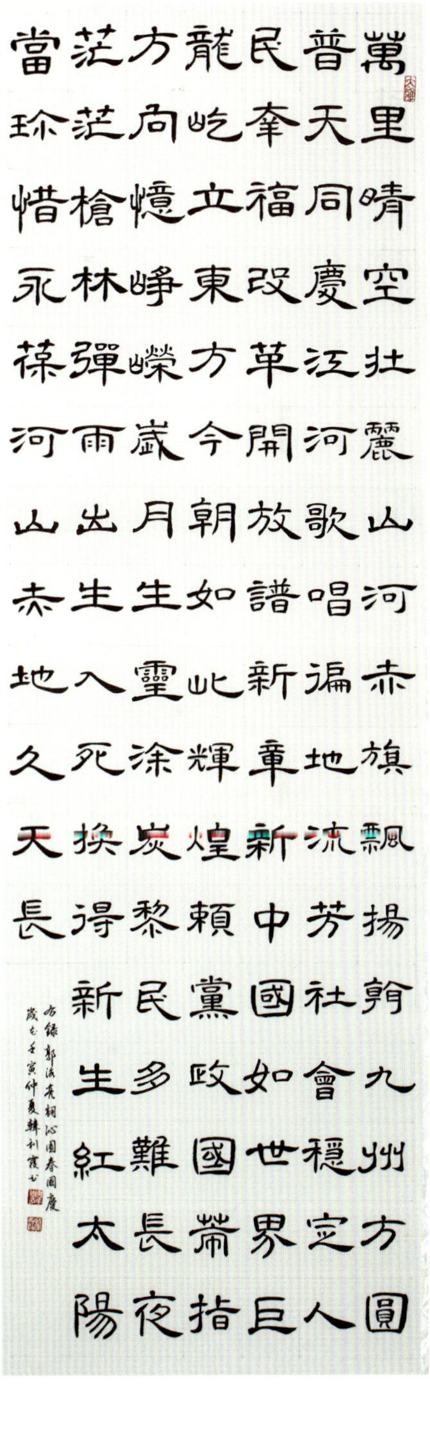
萬里晴空壯麗山河赤旗飄揚翱九州方圓
普天同慶江河歌唱遍地流芳社會穩定人
民幸福改革開放譜新章新中國如世界巨
龍屹立東方今朝如此輝煌賴黨政國帯指
方向憶崢嶸歲月生靈塗炭黎民多難長夜
茫茫槍林彈雨出生入死換得新生紅太陽
當珍惜永葆河山赤地久天長
右錄郭沫若詞沁園春國慶
歲在壬寅仲夏韓利霞书

《沁园春·国庆》

韩利霞
国能神东煤炭矿业服务公司

《圆梦有我》：侯晓东

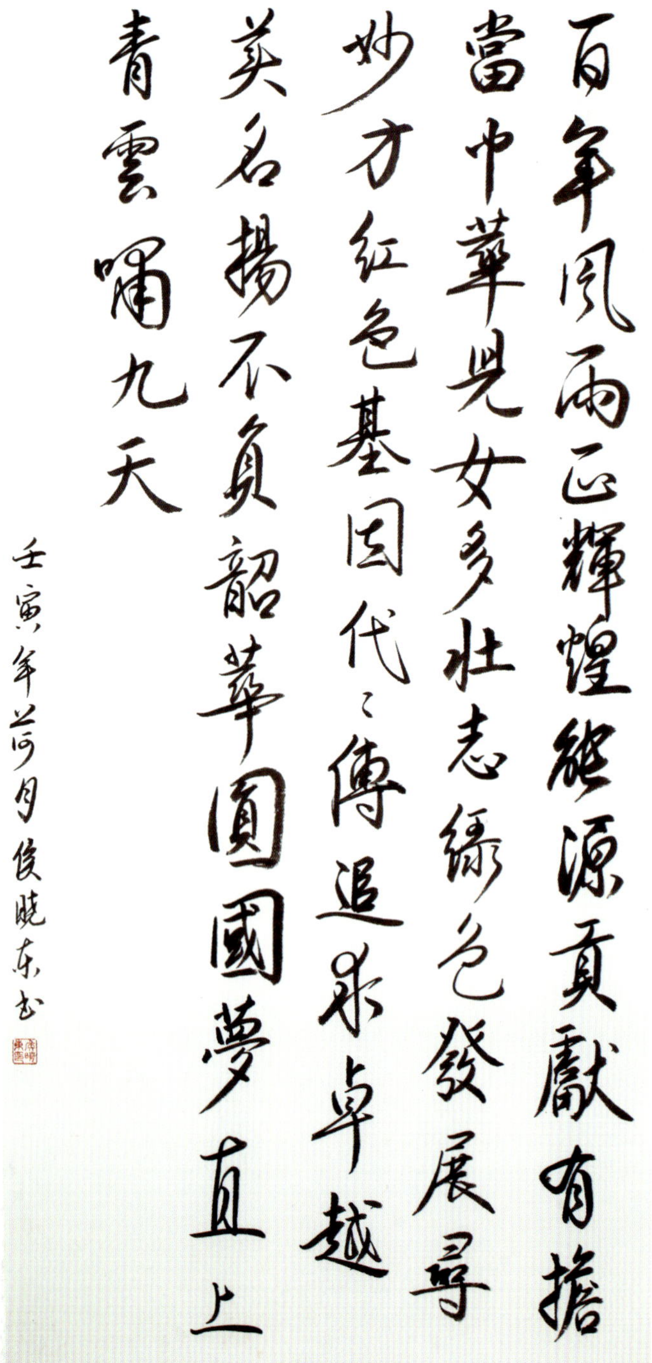
百年風雨正輝煌能源貢獻有擔
當中華兒女多壯志綠色發展尋
妙方紅色基因代代傳追求卓越
英名揚不負韶華圓國夢直上
青雲嘯九天
壬寅年六月侯曉東書

自作诗《圆梦有我》

侯晓东
国能神东煤炭物资供应中心

《纸上绝知联》：李彩云

对联《纸上绝知联》

李彩云　国能神东煤炭物资供应中心

《唐诗二首》：李磊

《唐诗二首》

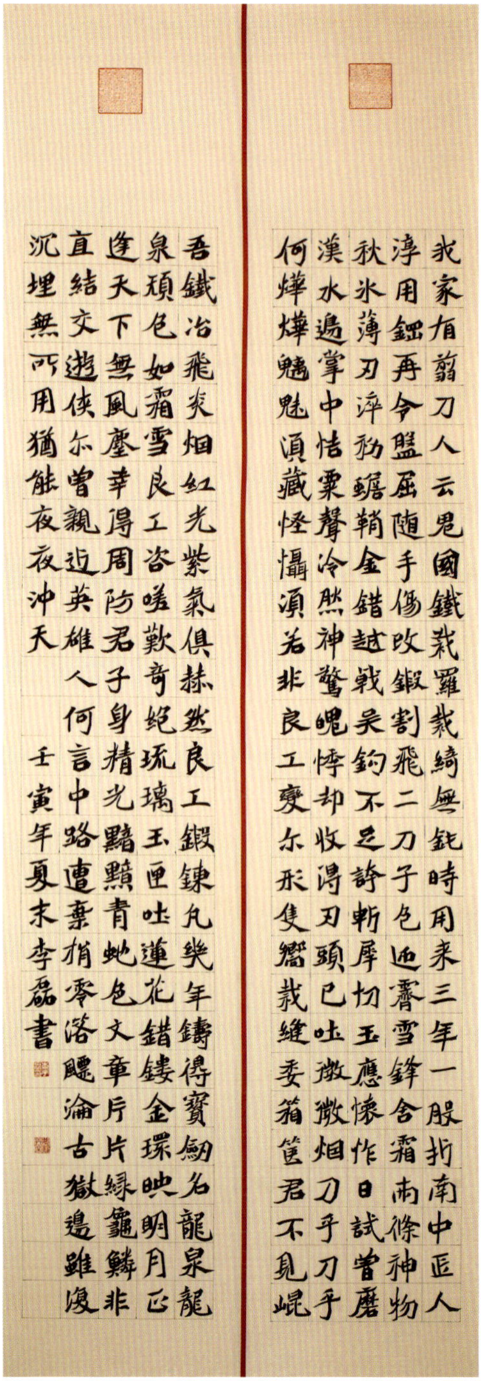
我家有翦刀人云鬼國鑌栽羅栽綺無鈍時用来三年一股折南中匠人
淨用鉊再令盤屈隨手傷改鍜割飛二刀子色匹霽雪鋒含霜雨絛神物
秋氷薄刃淬砅鋸鞘金錯越戟吴鈎不足誇斬犀切玉應慚作日試曾磨
漢水過掌中惜粟聲冷然神驚魄悸却收得刃頭已吐微微烟刀乎刀乎
何燁燁魑魅須藏怪懾須若非良工變尔形隻鸞栽縫委箱筐君不見崐
吾鐵冶飛炎烟紅光紫氣俱赫然良工鍛錬凡幾年鑄得寶劍名龍泉龍
泉顏色如霜雪良工咨嗟歎奇絕琉璃玉匣吐蓮花錯鏤金環映明月正
逢天下無風塵幸得周防君子身精光黯黯青蛇色文章片片綠龜鱗非
直結交遊俠尔曾親近英雄人何言中路遭棄捐零落飄淪古獄邊雖復
沉埋無所用猶能夜夜沖天
壬寅年夏末李磊書

李　磊
国能神东煤炭矿区书画协会

《秋声赋》：梁海生

《秋声赋》

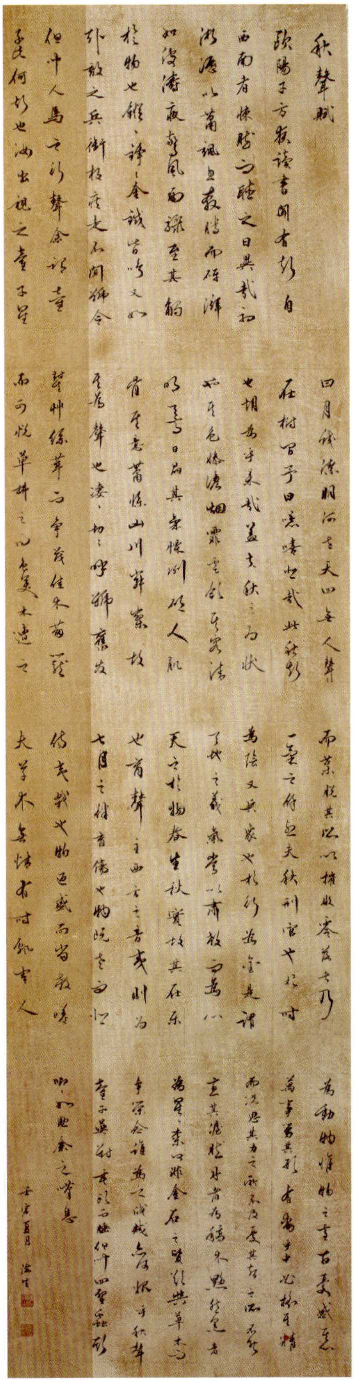

梁海生
国能神东煤炭退休职工

《千字文》：刘成

节录《千字文》

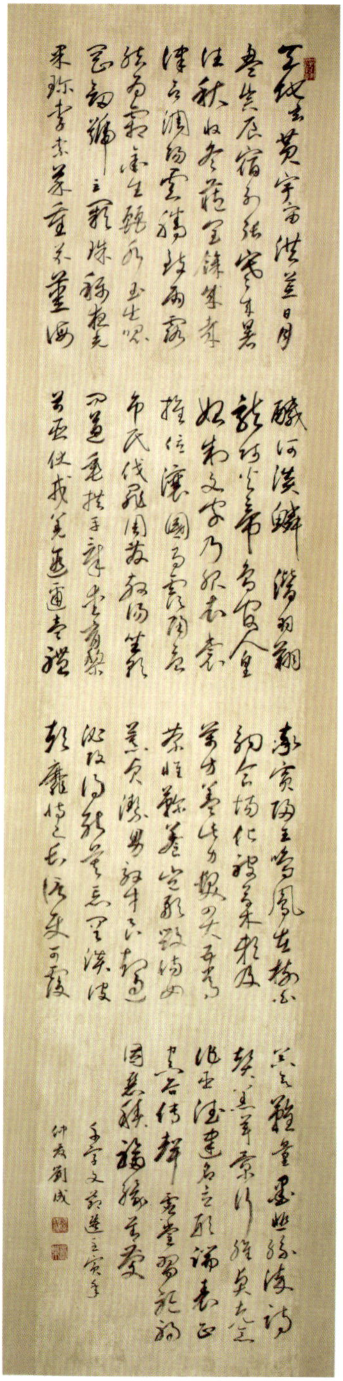

刘成
国能神东煤炭退休职工

《道德经》：刘　成

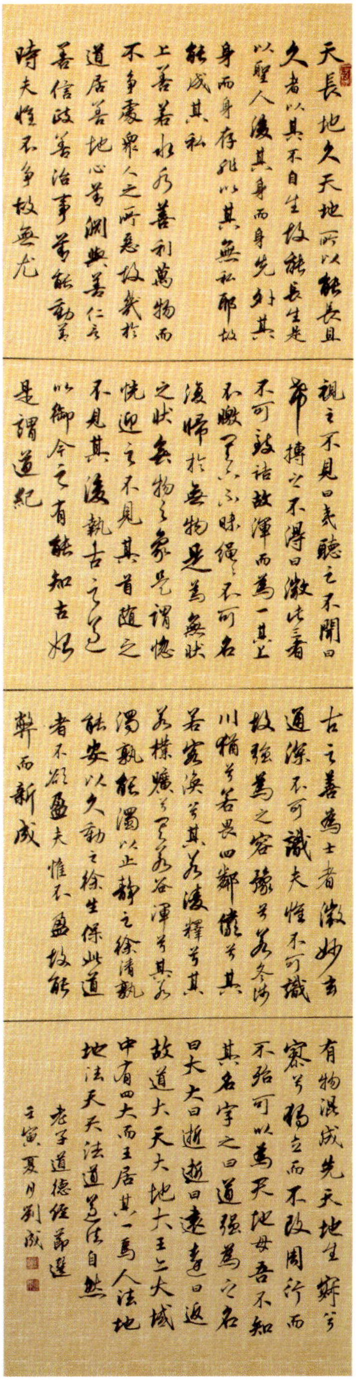

《道德经》

刘　成

国能神东煤炭退休职工

《沁园春二首》：孟桂东

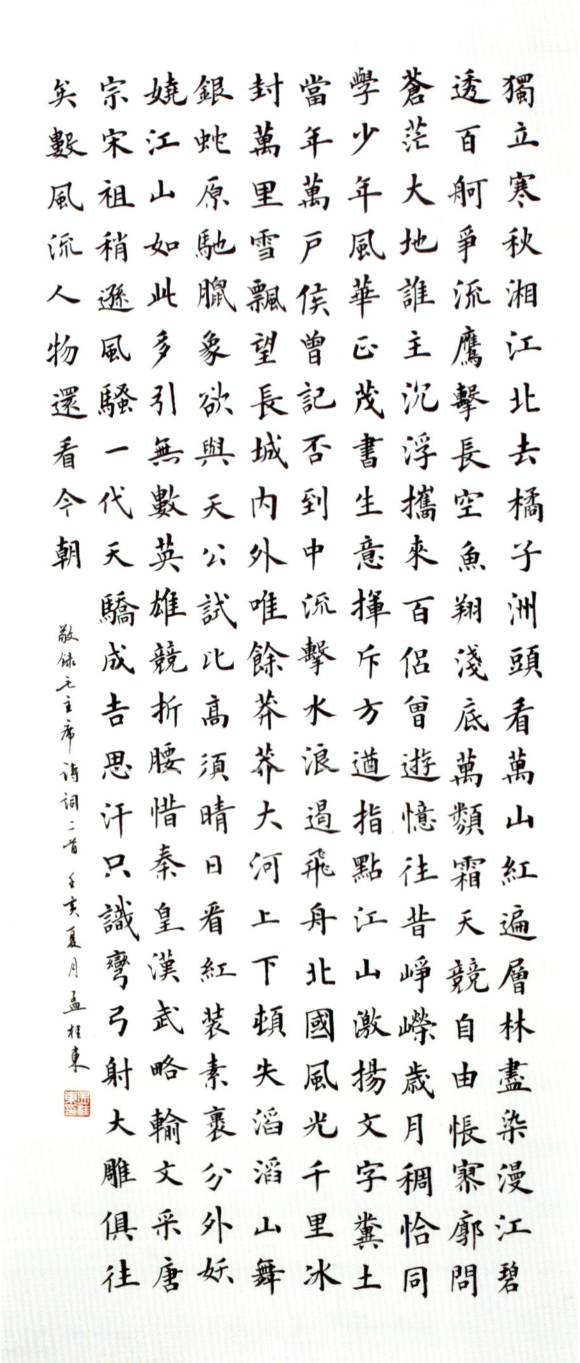
獨立寒秋湘江北去橘子洲頭看萬山紅遍層林盡染漫江碧
透百舸爭流鷹擊長空魚翔淺底萬類霜天競自由悵寥廓問
蒼茫大地誰主沉浮攜來百侶曾遊憶往昔崢嶸歲月稠恰同
學少年風華正茂書生意揮斥方遒指點江山激揚文字糞土
當年萬戶侯曾記否到中流擊水浪遏飛舟北國風光千里冰
封萬里雪飄望長城內外唯餘莽莽大河上下頓失滔滔山舞
銀蛇原馳臘象欲與天公試比高須晴日看紅裝素裹分外妖
嬈江山如此多引無數英雄競折腰惜秦皇漢武略輸文采唐
宗宋祖稍遜風騷一代天驕成吉思汗只識彎弓射大雕俱往
矣數風流人物還看今朝
敬錄毛主席詩詞二首 壬寅夏月 孟桂東

《沁园春二首》

孟桂东
国能神东煤炭锦界煤矿

《曹全碑》：孟桂东

节临《曹全碑》

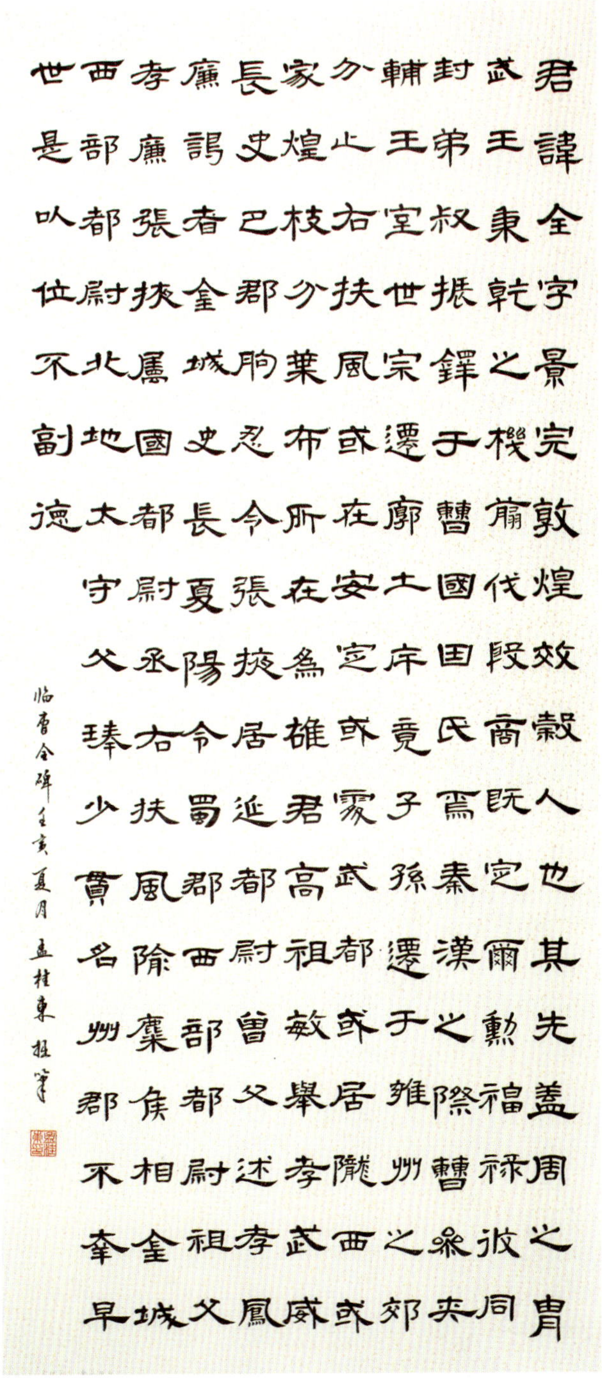
君諱全字景完敦煌效穀人也其先蓋周之胄
武王秉乾之機翦伐殷商既定爾勳福祿攸同
封弟叔振鐸于曹國因氏焉秦漢之際曹參夾
輔王室世宗遷廓土斥竟子孫遷于雍州之郊
分止右扶風或在安定或處武都或居隴西或
家煌枝分葉布所在為雄君高祖敏舉孝武威
長史巴郡朐忍令張掖居延都尉曾父述孝鳳
廉謁者金城史長夏陽令蜀郡西部都尉祖父
孝廉張掖屬國都尉丞右扶風隃麋侯相金城
西部都尉北地太守父琫少貫名州郡不幸早
世是以位不副德
臨曹全碑 壬寅夏月 孟桂東

孟桂东

国能神东煤炭锦界煤矿

《习近平总书记讲话节录》：强玉斌

《习近平总书记讲话节录》

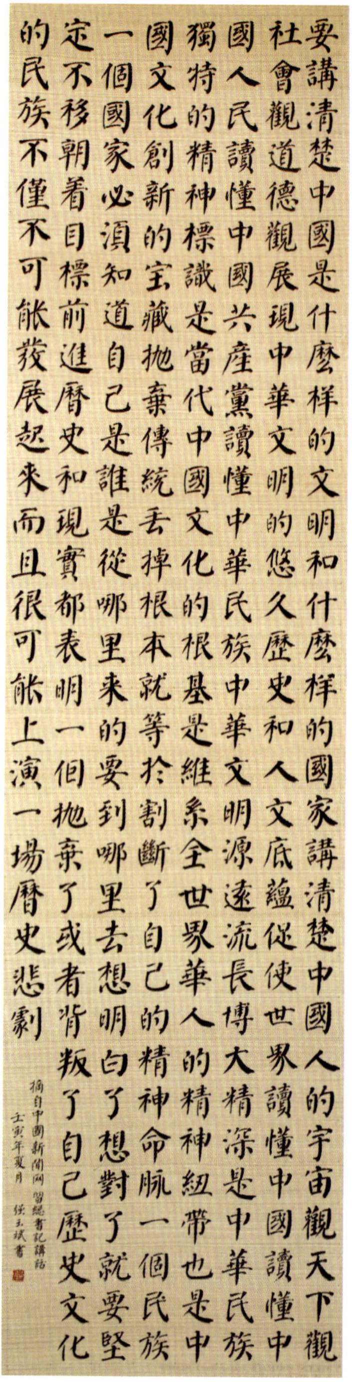
要講清楚中國是什麼樣的文明和什麼樣的國家講清楚中國人的宇宙觀天下觀
社會觀道德觀展現中華文明的悠久歷史和人文底蘊促使世界讀懂中國讀懂中
國人民讀懂中國共產黨讀懂中華民族中華文明源遠流長博大精深是中華民族
獨特的精神標識是當代中國文化的根基是維系全世界華人的精神紐帶也是中
國文化創新的寶藏拋棄傳統丟掉根本就等於割斷了自己的精神命脈一個民族
一個國家必須知道自己是誰是從哪里來的要到哪里去想明白了想對了就要堅
定不移朝着目標前進歷史和現實都表明一個拋棄了或者背叛了自己歷史文化
的民族不僅不可能發展起來而且很可能上演一場歷史悲劇
摘自中國新聞網習總書記講話
壬寅年夏月 强玉斌書

强玉斌

国能神东煤炭退休职工

《乙瑛碑》：曲哲

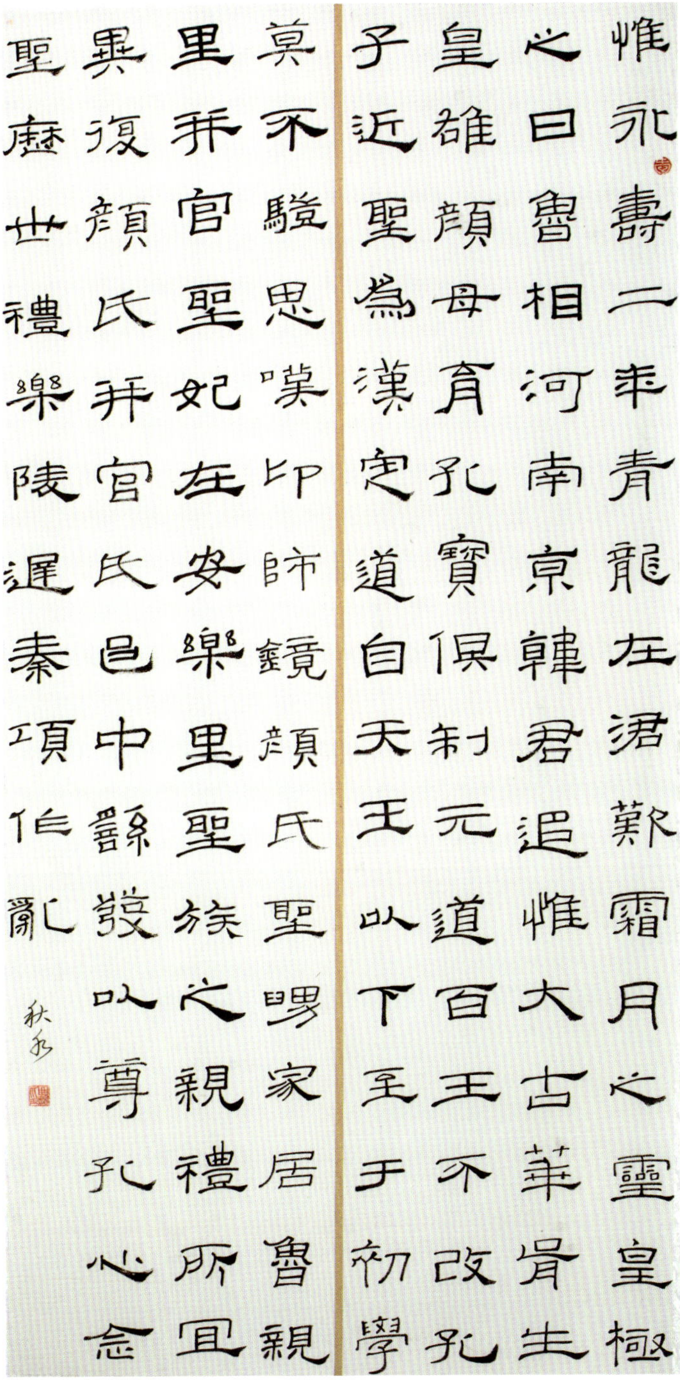
惟永壽二年青龍在涒歎霜月之靈皇極
之日魯相河南京韓君追惟大古華胥生
皇雄顏母育孔寶俱制元道百王不改孔
子近聖為漢定道自天王以下至于初學
莫不驗思嘆卬師鏡顏氏聖舅家居魯親
里并官聖妃在安樂里聖族之親禮所宜
異復顏氏并官氏邑中繇發以尊孔心念
聖歷世禮樂陵遲秦項作亂

节临《乙瑛碑》

曲哲 国能神东煤炭人力资源共享服务中心

《七律·人民解放军占领南京》：史有桃

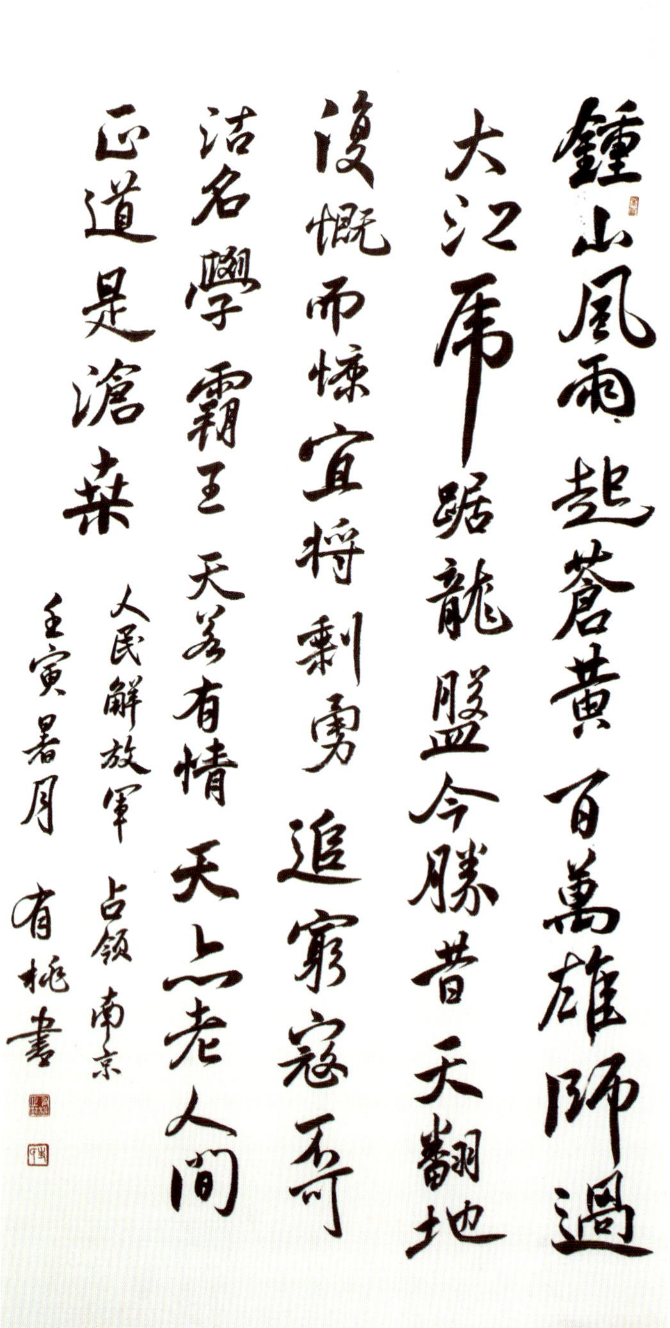
鍾山風雨起蒼黄百萬雄師過
大江虎踞龍盤今勝昔天翻地
覆慨而慷宜將剩勇追窮寇不可
沽名學霸王天若有情天亦老人間
正道是滄桑
人民解放軍占領南京
壬寅暑月有桃書

行书《七律·人民解放军占领南京》

史有桃 国能神东煤炭退休职工

《七律·人民解放军占领南京》：史有桃

隶书《七律·人民解放军占领南京》

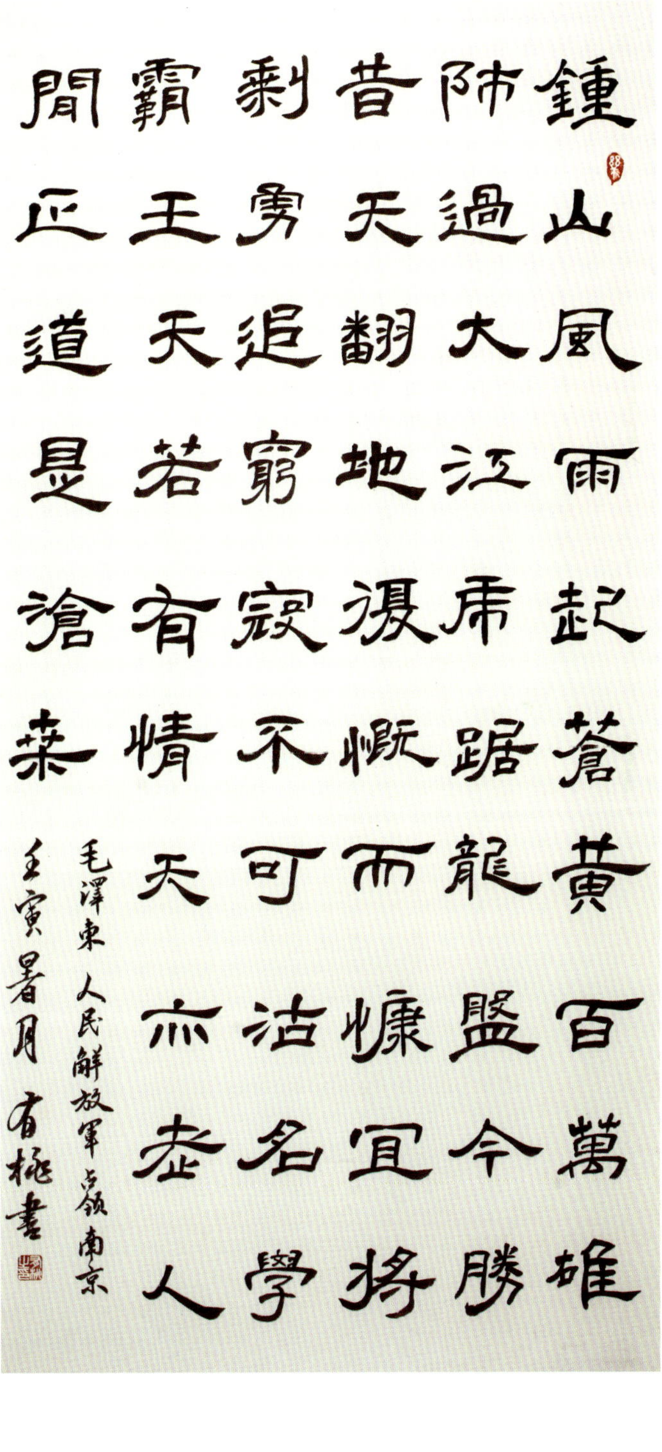

鍾山風雨起蒼黃百萬雄
師過大江虎踞龍盤今勝
昔天翻地覆慨而慷宜將
剩勇追窮寇不可沽名學
霸王天若有情天亦老人
間正道是滄桑
毛澤東 人民解放軍占領南京
壬寅暑月 有桃書

史有桃

国能神东煤炭退休职工

《登金陵凤凰台》：苏元成

《登金陵凤凰台》

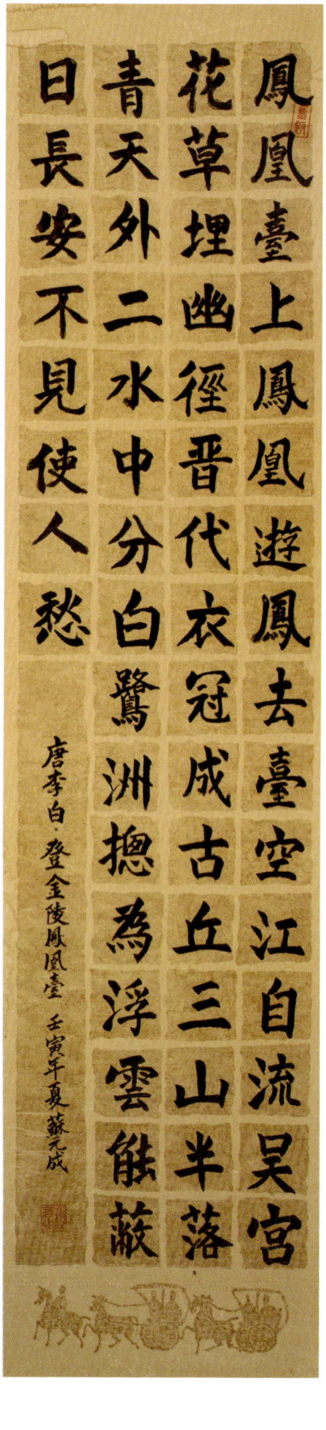
鳳凰臺上鳳凰遊鳳去臺空江自流吳宮
花草埋幽徑晉代衣冠成古丘三山半落
青天外二水中分白鷺洲摠為浮雲能蔽
日長安不見使人愁
唐李白·登金陵鳳凰臺 壬寅年夏蘇元成

苏元成

国能神东煤炭退休职工

《神东企业文化选录》：王永峰

《神东企业文化选录》

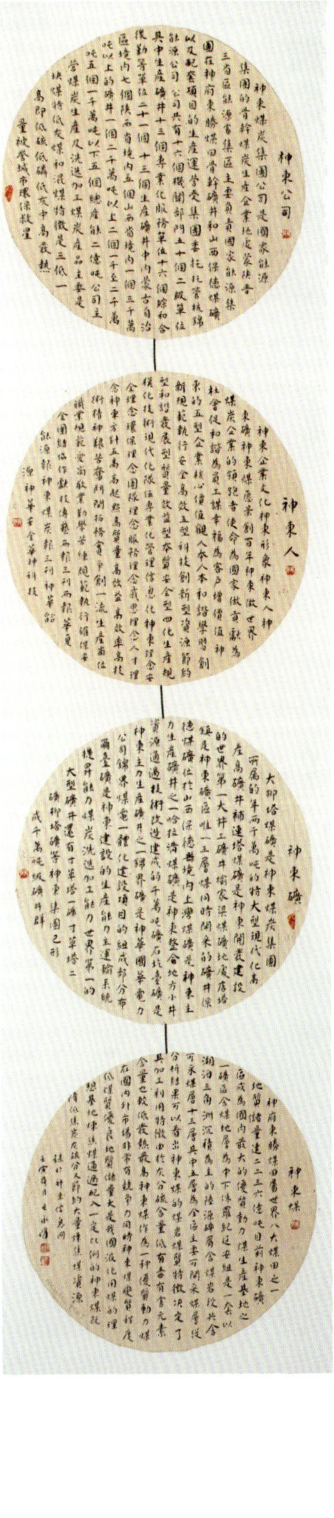

王永峰 国能神东煤炭退休职工

《神东赋》：王永峰

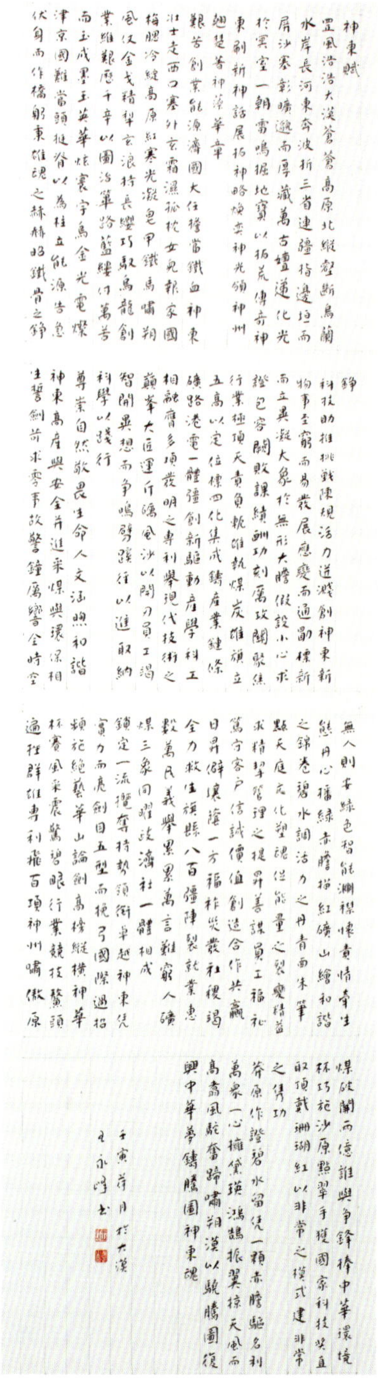

《神东赋》

王永峰
国能神东煤炭退休职工

《人间词话》：应 全

节录王国维《人间词话》

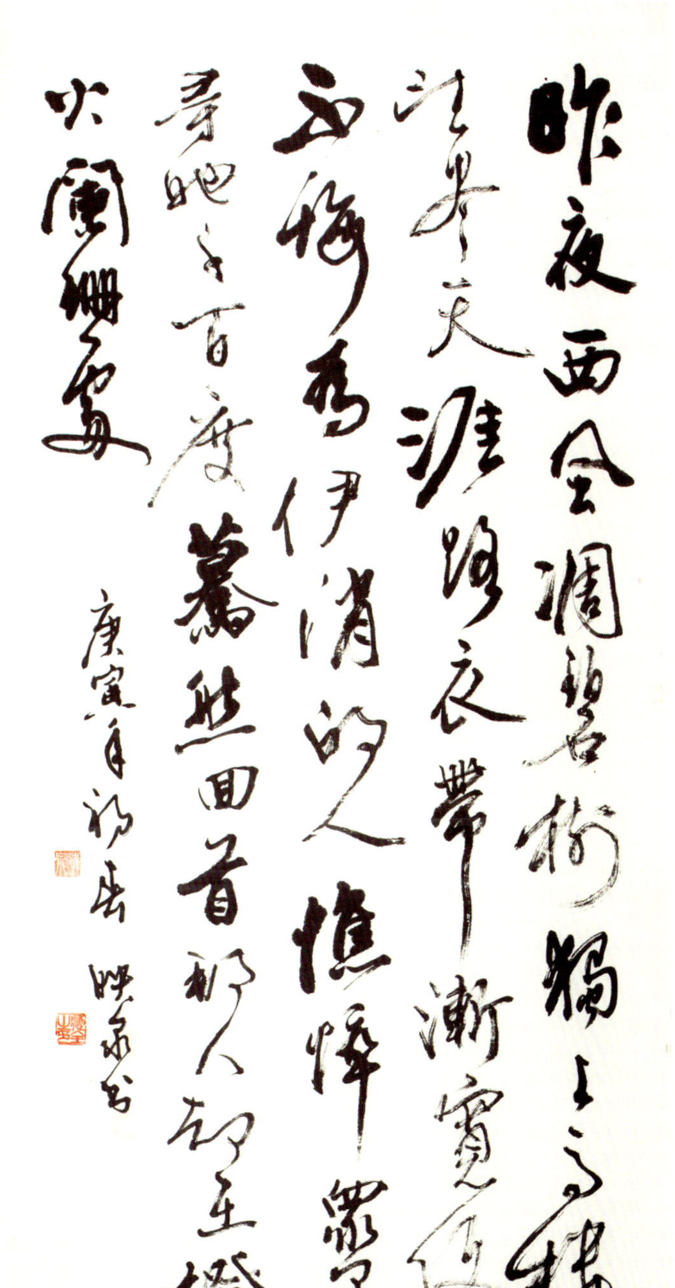

应 全 国能神东煤炭矿区书画协会

《埋头勇毅联》：于翔

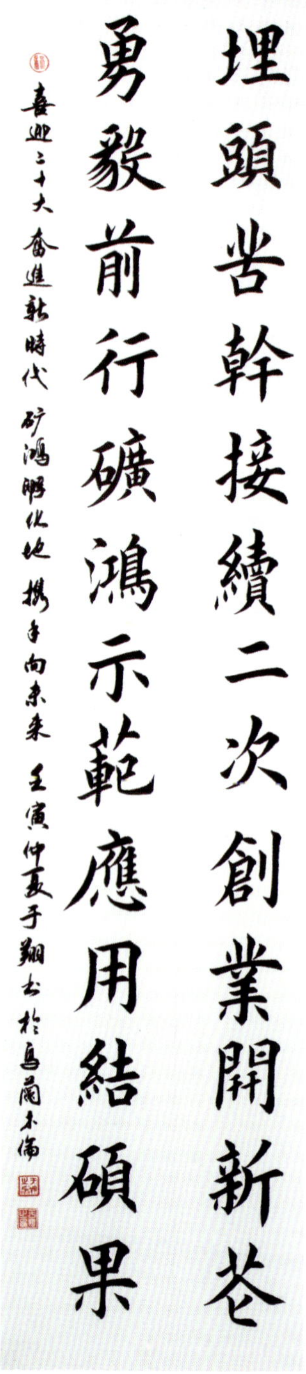

对联《埋头勇毅联》

于翔
国能神东煤炭乌兰木伦煤矿

《周祀圜丘歌 登歌》：丁泽胥

《周祀圜丘歌 登歌》

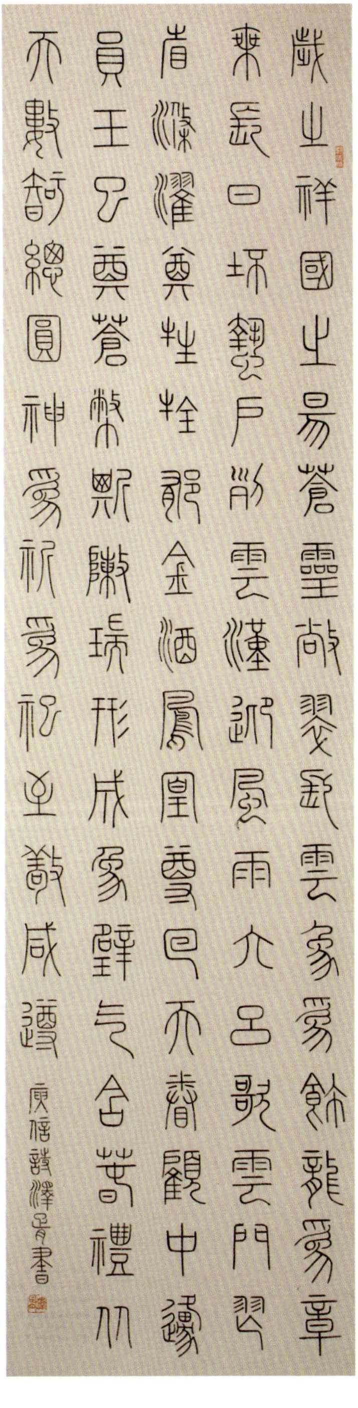

丁泽胥

国能神东煤炭矿区书画协会

《矿区幸福联》：张雪华

对联《矿区幸福联》

张雪华

国能神东煤炭皮带机公司

《长城赞》：张治富

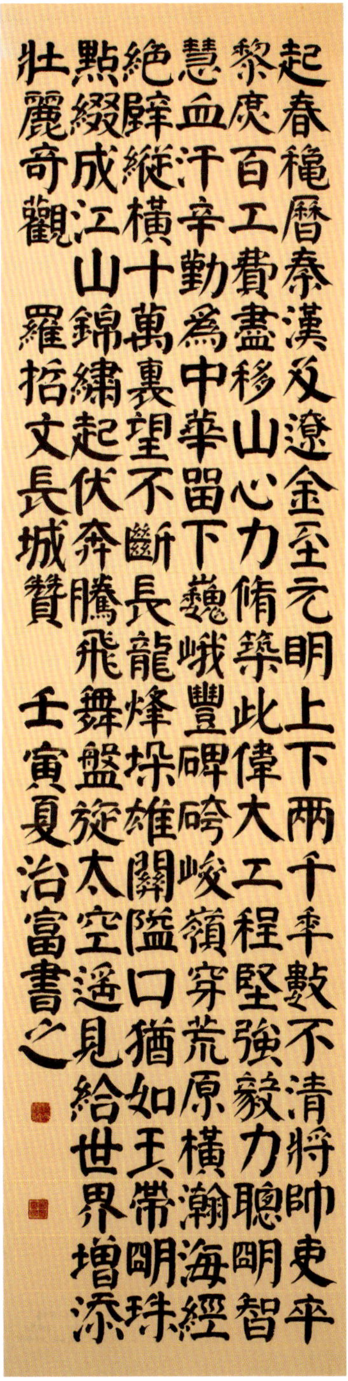
起春秋歷秦漢及遼金至元明上下兩千年數不清將帥吏卒
黎庶百工費盡移山心力脩築此偉大工程堅強毅力聰明智
慧血汗辛勤為中華留下巍峨豐碑跨峻嶺穿荒原橫瀚海經
絕壁縱橫十萬裏望不斷長龍烽垛雄關隘口猶如玉帶明珠
點綴成江山錦繡起伏奔騰飛舞盤旋太空遙見給世界增添
壯麗奇觀 羅揩文長城贊
壬寅夏治富書之

《长城赞》

张治富

国能神东煤炭教育培训中心

《实干 奉献 创新 争先》：张治富

《实干 奉献 创新 争先》

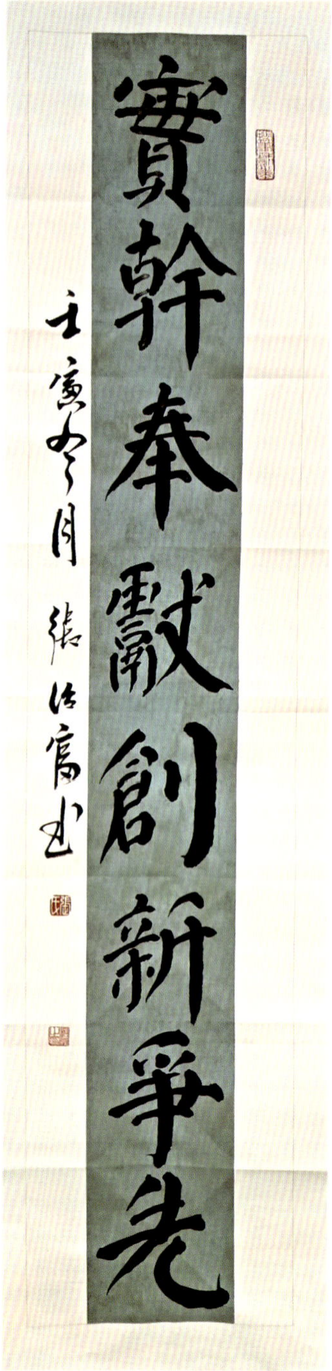

张治富
国能神东煤炭教育培训中心

《喜迎强国联》：李芸竹玥

对联《喜迎强国联》

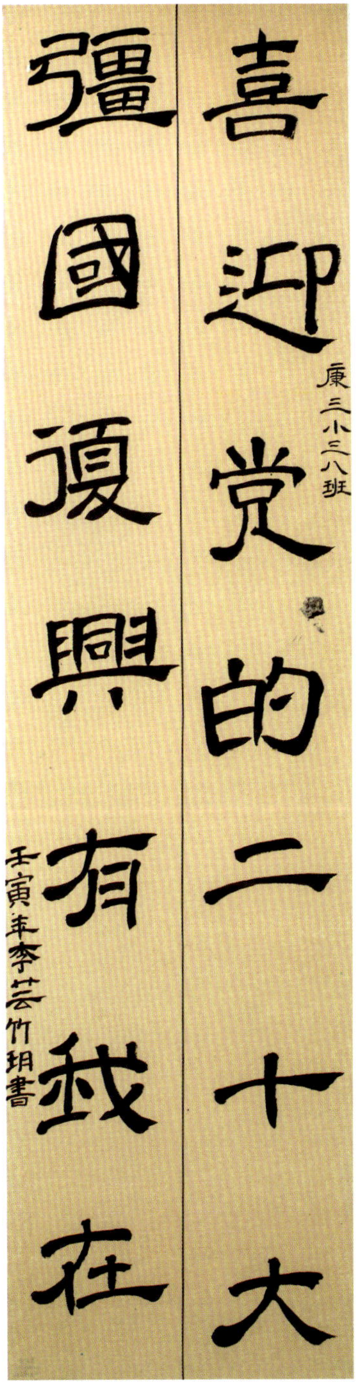
喜迎党的二十大
強國復興有我在
康三小三(八)班
壬寅年李芸竹玥書

李芸竹玥 学生

《王雨泽印痕》：王雨泽

《王雨泽印痕》

王雨泽　学生

03

诗情画意

中国绘画历史悠久，数千年来融汇了中华民族特有的文化素养、哲学观念、审美意识和思维方式，别具一格、源远流长。“诗情画意”篇章共收录25幅作品，主要由矿区书画爱好者精心创作，用一幅幅生动的绘画作品展现浓郁的地域特色文化和神东人奋斗不止的良好形象。

《乡情》：赵列罂

《乡情》

赵列罂 国能神东煤炭退休职工

《北方农舍》：赵列墨

国能神东煤炭退休职工
赵列墨

《北方农舍》

《国色天香》：赵列墨

《国色天香》

赵列墨

国能神东煤炭退休职工

《升井》：李峻

《升井》

李峻
国能神东煤炭新闻中心

《牧归》：李 峻

《牧归》
李 峻 国能神东煤炭新闻中心

《高歌猛进》：郭峰

《高歌猛进》

郭峰

国能神东煤炭矿区书画协会

《朝阳》：韩光前

《朝阳》

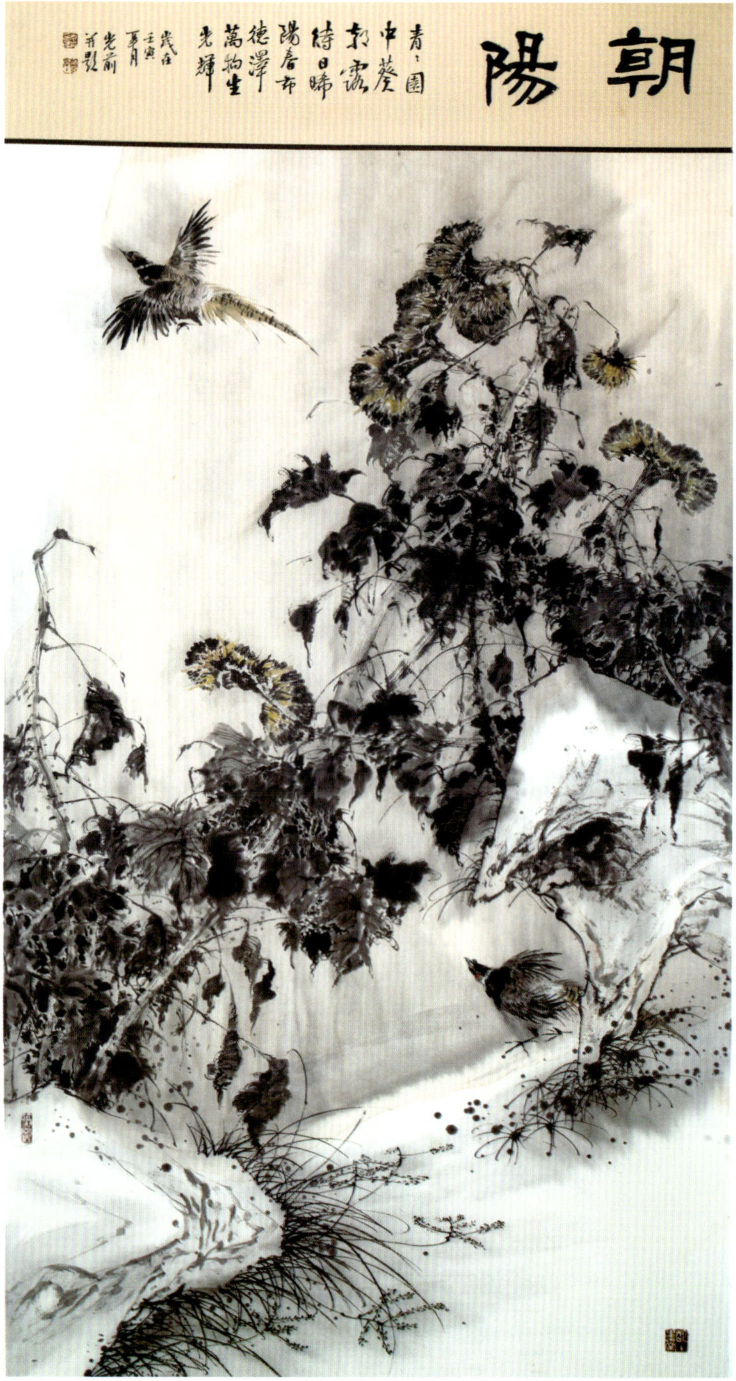
朝陽
青丶園
中葵
朝露
待日晞
陽春布
德澤
萬物生
光輝

韩光前
国能神东煤炭矿区书画协会

《江雪》：梁海生

《江雪》

梁海生

国能神东煤炭退休职工

《秋菊有佳色》：李彦霖

《秋菊有佳色》

李彦霖
国能神东煤炭矿业服务公司

《春华秋实》：李彦霖

《春华秋实》

李彦霖

国能神东煤炭矿业服务公司

《向日葵》：李媛媛

临摹《向日葵》

李媛媛 国能神东煤炭设备维修中心

《咏荷思趣》：乔慧莲

乔慧莲

国能神东煤炭退休职工

《咏荷思趣》

《江南小镇》：乔慧莲

《江南小镇》

乔慧莲
国能神东煤炭退休职工

《长江胜景》：施海珍

《长江胜景》

施海珍　国能神东煤炭洗选中心

《松下高士图》：王丽英

《松下高士图》

王丽英

国能神东煤炭榆家梁煤矿家属

《到群众中去》：王丽英

王丽英

国能神东煤炭榆家梁煤矿家属

《到群众中去》

《雄风》：王 伟

《雄风》

王 伟 国能神东煤炭新闻中心

《淡烟流水花屏幽》：项美玲

《淡烟流水花屏幽》

项美玲 国能神东煤炭物资供应中心

《廉》：徐燕

《廉》

徐燕

国能神东煤炭核算中心

《生态之城 能源之都》：张 均

《生态之城 能源之都》

张 均
国能神东煤炭矿区书画协会

《苍茫大地》：张治富

《苍茫大地》

张治富 国能神东煤炭教育培训中心

《冰雪情》：张治富

《冰雪情》

张治富 国能神东煤炭教育培训中心

《前程似锦》：侯明毅

《前程似锦》

侯明毅

国能神东煤炭寸草塔二矿

《国色天香》：侯明毅

《国色天香》

侯明毅　国能神东煤炭寸草塔二矿

04

精彩瞬间

摄影是技术与艺术的完美结合，是现代生活中不可或缺，又富有魅力和潜力的艺术表现形式。“精彩瞬间”篇章共收录32幅作品，主要由矿区摄影爱好者精心拍摄，用镜头记录可亲可敬的矿工形象，用画面展现和谐美好的矿区生活。

《神东夜色美》：刘会祥

《神东夜色美》

刘会祥 国能神东煤炭退休职工

《国内最大洗选中心》：刘会祥

《国内最大洗选中心》

刘会祥 国能神东煤炭退休职工

《煤亮子》：梁宝玉

《煤亮子》

梁宝玉 国能神东煤炭新闻中心

《世界第一采高雄姿》：梁宝玉

《世界第一采高雄姿》

梁宝玉 国能神东煤炭新闻中心

《地层深处的誓言》：梁宝玉

《地层深处的誓言》

梁宝玉 国能神东煤炭新闻中心

《全国劳模的煤海梦》：梁宝玉

《全国劳模的煤海梦》

梁宝玉 国能神东煤炭新闻中心

《肩膀》：李　峻

《肩膀》

李　峻　国能神东煤炭新闻中心

《两代人》：李　峻

《两代人》

李　峻
国能神东煤炭新闻中心

《能源男团》：李 峻

《能源男团》之一

李 峻 国能神东煤炭新闻中心

《能源男团》之二

李 峻

国能神东煤炭新闻中心

《神东矿工》：张 凯

《神东矿工》

张 凯 国能神东煤炭资源开发中心

《手心里的宝》：张　凯

《手心里的宝》

张　凯　国能神东煤炭资源开发中心

《井下慰问》：张 凯

《井下慰问》

张 凯 国能神东煤炭资源开发中心

《超大智能》：张 凯

国能神东煤炭资源开发中心

张 凯

《超大智能》

《采煤一线当“先锋”》：刘　娜

《采煤一线当『先锋』》

刘　娜　国能神东煤炭新闻中心

《矿工和他的女人》：刘晓婷　朱　萌

《矿工和他的女人》

刘晓婷　朱　萌

国能神东煤炭新闻中心

《午餐》：王春生

《午餐》

王春生 国能神东煤炭安监局

《矿工肖像》：苗　钰

《矿工肖像》

苗　钰　国能神东煤炭布尔台煤矿

《面孔》：冀宏波

《面孔》

冀宏波 国能神东煤炭总调度室

《掘进队的弟兄》：侯军奇

《掘进队的弟兄》

侯军奇 国能神东煤炭哈拉沟煤矿

《爸爸的安全帽》：侯军奇

《爸爸的安全帽》

侯军奇 国能神东煤炭哈拉沟煤矿

《老党员退休前的最后一“役”》：惠 娟 刘晓婷

《老党员退休前的最后一『役』》

惠 娟 刘晓婷 国能神东煤炭新闻中心

《光线英雄》：王　泉

《光线英雄》

王　泉　国能神东煤炭供电中心

《安全第一》：刘　娜

《安全第一》

刘　娜　国能神东煤炭新闻中心

《为“亲”密密缝》：李 霞

《为『亲』密密缝》

李 霞 国能神东煤炭新闻中心

《企业文化基层行 送文艺到百米井下》：刘 惠

《企业文化基层行 送文艺到百米井下》

刘 惠 国能神东煤炭新闻中心

《神东合唱团在比赛中荣获特等奖》：刘　惠

《神东合唱团在比赛中荣获特等奖》

刘　惠　国能神东煤炭新闻中心

《企业文化基层行之井口慰问送清凉》：王　柯

《企业文化基层行之井口慰问送清凉》

王　柯　国能神东煤炭补连塔煤矿

《神东原创歌舞情景剧〈矿工兄弟〉走进北京卫视》：北京电视台

《神东原创歌舞情景剧〈矿工兄弟〉走进北京卫视》

北京电视台

《“蒲公英计划”少儿公益培训》：郭鹏远

《『蒲公英计划』少儿公益培训》 **郭鹏远** 国能神东煤炭企业文化中心

《画中画》：郭鹏远

《画中画》

郭鹏远 国能神东煤炭企业文化中心

《烟花绚烂》：郭鹏远

《烟花绚烂》

郭鹏远 国能神东煤炭企业文化中心

《2020年神东春晚》：郭鹏远

《2020年神东春晚》

郭鹏远　国能神东煤炭企业文化中心

后记

优秀的企业文化是企业持续发展的精神支柱和动力源泉，是企业核心竞争力的重要组成部分。神东文化建设史就是一部我国煤炭行业踔厉奋发、砥砺奋进、改革发展奋斗史的缩影。党的十八大以来，神东在集团党组的坚强领导下，创新推动文化建设，积极进行理论研究，认真编写文化案例，精心打造文化品牌，用心创研文化文艺作品，涌现出了一系列文化建设成果。为更好地传承神东精神、彰显神东价值、凝聚神东力量，为神东高质量发展提供精神动力和文化滋养，神东编撰出版了“国能神东煤炭企业文化建设系列丛书”。这套集理论性、实践性于一体的企业文化建设系列丛书，不仅是对神东三十多年来文化建设取得成绩的全面梳理总结，更是讲好神东故事，展示神东形象、传递神东价值的重要载体。

“国能神东煤炭企业文化建设系列丛书”第一册《思想盛宴——理论篇》，集中收录了党的十八大以来公司各部门、各单位的文化思考践行者对于神东企业文化建设的理论探索、课题研究及实践经验总结，为神东企业文化建设工作者在实践工作中提供了理论依据和方法指导。第二册《行动印证——案例篇》总结编写了自2019年神东创领文化“双维度”践行模式发布以来，公司及各单位文化与管理深度融合最新、最具有价值的特色文化案例，在各单位文化践行与日常管理的深度结合方面，具有很强的指导和示范作用。第三册《绽放美好——品牌篇》从文化践行、文化惠民和文化传播三个角度，呈现了近年来神东在文化品牌建设方面的工作成果，为读者提供了一个深入了解神东文化的窗口，向社会传递了神东富有生命力的文化品牌。第四册《原创力量——文艺作品篇》用艺术的方式、优秀的作品唱响神东人爱党爱国、砥砺奋进、积极向上的良好形象，弘扬神东精神，传播神东声音。第五册《神东文韵——传统文化作品篇》用中华优秀传统文化作品表达对伟大祖国的热爱之情，彰显一代又一代神东人艰苦奋斗、开拓务实、争创一流的企业精神。

本套丛书从大纲拟定到编辑出版，经过多次反复斟酌、修改，部分文章更是几易其稿，同时邀请了经验丰富的外部专家进行指导，不仅注重丛书的可读性和实用性，更注重对神东企业文化的精准表达和传播。在策划和撰写过程中，得到了神东各级领导和广大员工的大力支持和积极参与。企业文化中心作为牵头编写单位，多次协调组织专题会议围绕章节分类、文稿撰写、作品选取等进行讨论、修改、完善，多次对全书样稿进行了逐字审核校对。各单位、各部门深度参与丛书的编写创作过程，奉献了丰富的一手资料和文字素材。神东矿区书画协会、摄影协会积极配合，认真筛选、提供文艺作品和传统文化作品。新闻中心相关人员积极参与了书稿的编辑润色和图片的筛选提供。煤炭技术研究院给予了很多技术服务支持。正是大家各尽所能、同心合力，无怨无悔地付出，使得丛书得以顺利出版。

可以说，本套丛书是全体参与者集体智慧和共同劳动的结晶。借此机会，对丛书编写过程中提供了大力支持、帮助的各方面领导、专家，相关部门和单位，以及参与编写的全体工作人员，一并致以深深的感谢！

本套丛书编辑历时一年多，规模达一百多万字。受编写水平所限，书中不当、不周之处在所难免。诚恳欢迎各位领导、专家学者和广大读者批评指正，以便我们更好地改进和提升，共同推动神东企业文化建设再结累累硕果。

编者